OS
SEGREDOS DA
CACHAÇA

Copyright © 2018 João Almeida e Leandro Dias

Copyright desta edição © 2018 Alaúde Editorial Ltda.

Todos os direitos reservados. Nenhuma parte desta edição pode ser utilizada ou reproduzida – em qualquer meio ou forma, seja mecânico ou eletrônico –, nem apropriada ou estocada em sistema de banco de dados sem a expressa autorização da editora.

O texto deste livro foi fixado conforme o acordo ortográfico vigente no Brasil desde 1º de janeiro de 2009.

Edição: Bia Nunes de Sousa

Preparação: Claudia Vilas Gomes

Revisão: Fernanda Marão, Rosi Ribeiro Melo

Capa e projeto gráfico: Rodrigo Frazão

Imagem de capa: Optimarc (copo) / Shutterstock.com

Drinques: Roselayne Fátima de Oliveira (produção das caipirinhas e receitas), Vanessa Hiradai (fotos)

Impressão e acabamento: Ipsis Gráfica e Editora S/A

1ª edição, 2018 (1 reimpressão)

Impresso no Brasil

Dados Internacionais de Catalogação na Publicação (CIP)
(Câmara Brasileira do Livro, SP, Brasil)

Dias, Leandro
    Os segredos da cachaça : tudo o que você precisa saber sobre a bebida mais popular do Brasil / João Almeida, Leandro Dias. -- São Paulo : Alaúde Editorial, 2018.

    ISBN 978-85-7881-532-5

    1. Cachaça - Aspectos sociais 2. Cachaça -Brasil - Usos e costumes 3. Cachaça - História I. Almeida, João. II. Título.

18-16729   CDD-394.13098

Índices para catálogo sistemático:
1. Brasil : Cachaça : Utilização : História : Costumes   394.13098

2020
Alaúde Editorial Ltda.
Avenida Paulista, 1337, conjunto 11
São Paulo, SP, 01311-200
Tel.: (11) 3146-9700
www.alaude.com.br

João Almeida
Leandro Dias

OS SEGREDOS DA CACHAÇA

Tudo o que você precisa saber sobre a bebida mais popular do Brasil

SUMÁRIO

Prefácio, *de Gérson de Souza* **6**

O que é cachaça? 10

Como surgiu a cachaça 24

Os alambiques mais tradicionais 36

Produção 48

Principais regiões produtoras 58

Tipos de cachaça 68

Rótulos e design 78

Como fazer cachaça em casa 86

As 100 melhores cachaças do Brasil 94

Aspectos da bebida e degustação 118

Harmonização de cachaça e comida 128

Caipirinhas, drinques e licores 134

Para saber mais 156
Crédito das imagens 158
Agradecimentos 159

PREFÁCIO

Tem gosto e retrogosto cada página deste *Os segredos da cachaça*. João Almeida e Leandro Dias servem de bandeja uma obra em linguagem coloquial, de fácil leitura e rica em conteúdo. O texto remete o leitor ao Brasil Colonial, investiga a chegada da cana-de-açúcar e o surgimento da cachaça. Contém páginas dignas de livro didático quando revela conflitos e revoltas da cachaça, como a de 1661 contra os altos impostos. Uma luta dos produtores que continua nos dias de hoje. Ao voltar no tempo, os autores derrubam mitos e resgatam verdades. Há quem pense, por exemplo, que pingos ardentes em lombo de escravo deram origem à palavra "pinga". É mito que a gente vê na internet. A verdade, o porquê da expressão "pinga", está no livro. E é saboroso descobrir – além de fatos e curiosidades – aromas, paladares, visões e segredos que dão água na boca.

A cachaça, genuinamente brasileira, proporciona sabores únicos, e nestas páginas a gente conhece as diferentes madeiras das dornas que envelhecem e dão múltiplos gostos, cheiros e cores à cachaça. Chega a dar vontade de ter em casa o próprio barril para envelhecer cachaça. E os autores ensinam cada passo para fazer a coisa certa. Também há dicas de como preparar a autêntica caipirinha ou de como misturar diferentes frutas ao nosso nobre destilado.

Eleger as melhores cachaças é um desafio muito grande. Em universo tão vasto de marcas, é muita responsabilidade escolher apenas 100 rótulos. Os autores tiveram coragem e a lista está nestas páginas. A minha relação teria outras e a sua também pode ser diferente, mas o rol deles fica como uma boa dica para quem busca qualidade.

João e Leandro. Quem são eles? O João Almeida, eu conheci em 1991 nas redações do Sistema Brasileiro de Televisão (SBT). Jornalista da melhor qualidade, produziu grandes reportagens e atuou em programas de grande audiência. João, quando trabalha em uma pauta, faz pesquisa, investiga, e, se não domina o assunto que vai apresentar, estuda a fundo o tema. Aprende e depois nos ensina. Foi assim que ele mergulhou de cabeça no vasto mundo da cachaça e conheceu especialistas que se tornaram fontes e, muitos deles, parceiros e amigos. E João também voltou à escola e acumula funções de sommelier de cachaça e bartender.

Leandro Dias, jovem empresário, eu conheci em um dos primeiros encontros da Confraria Paulista da Cachaça. Ousado, lançou uma novidade, a cachaça com flocos comestíveis de ouro. Mas o empreendedor extrapolou suas funções e, ao divulgar o seu produto, pegou gosto pela comunicação. Foi aí que se uniu ao João para projetos que divulgam e valorizam a cachaça.

Este livro tem gosto de cana, cheirinho gostoso de madeira e tons que variam da branquinha à amarelinha. *Os segredos da cachaça* deve ser apreciado sem moderação.

Gérson de Souza

PREFÁCIO

O QUE É CACHAÇA?

O QUE É CACHAÇA?

Nós nem lembramos ao certo de quantas vezes já respondemos a essa pergunta. Você poderia se sair muito bem caso sua resposta fosse: "Cachaça é a denominação típica e exclusiva da aguardente de cana produzida no Brasil, com graduação alcoólica de 38% a 48% em volume, a 20 °C, obtida pela destilação do mosto fermentado do caldo de cana-de-açúcar, com características sensoriais peculiares, podendo ser adicionada de açúcares até seis gramas por litro". É isso o que diz o art. 53 do decreto nº 6.871/2009.

Em seus aproximadamente 500 anos de história, a cachaça já foi chamada de muitas formas diferentes. No livro *Todos os nomes da cachaça*, por exemplo, o escritor Messias Cavalcante revela 8 mil nomes e 2 mil sinônimos para nossa bebida. Alguns exemplos: branquinha, pinga, caninha, a que matou o guarda, marvada, água que passarinho não bebe e por aí vai.

Mas você pode estar se perguntando: existe cachaça feita em outros países? Não, o que se tem são outras aguardentes feitas com cana-de-açúcar, como o grogue, na África, o rum, principalmente em países caribenhos, e a canã, em alguns países da América do Sul, como Paraguai, Argentina, Equador e Venezuela.

Destilação da cachaça na Destilaria Vitória.

No entanto, além de fazer você entender a lei nós também queremos lhe trazer diversão, por isso decidimos revelar todos os segredos da cachaça.

A seguir, mostraremos o que você deve conhecer e fazer para aumentar o seu prazer em apreciar o nosso famoso destilado, conhecido em todo o planeta. Todos os capítulos que serão apreciados a seguir foram feitos com base em nossa experiência pessoal com a cachaça. Estudamos muito, pesquisamos à exaustão, visitamos alambiques, consultamos produtores e tivemos acesso a muitas formas de produção. Mergulhamos no universo da cachaça e descobrimos segredos nunca antes revelados; agora vamos contar tudo em detalhes para você.

O Brasil possui mais de 4 mil marcas de cachaças devidamente registradas pelo Ministério da Agricultura, Pecuária e Abastecimento.

CACHAÇA X AGUARDENTE

A DENOMINAÇÃO CACHAÇA É UMA CONQUISTA DO PRODUTOR BRASILEIRO, REGULAMENTADA E DECRETADA EM LEI. DA MESMA FORMA QUE A TEQUILA, O CONHAQUE, O BOURBON E MUITAS OUTRAS BEBIDAS TÊM DENOMINAÇÃO DE ORIGEM, A CACHAÇA TAMBÉM TEM A SUA, O BRASIL. OU SEJA, TODA VEZ QUE VOCÊ ESTIVER DIANTE DE UMA GARRAFA DE CACHAÇA SABERÁ QUE ELA FOI PRODUZIDA EXCLUSIVAMENTE EM TERRITÓRIO BRASILEIRO. NO BRASIL, CACHAÇA É O DESTILADO ALCOÓLICO DO MOSTO FERMENTADO DO CALDO DE CANA-DE--AÇÚCAR COM GRAU ALCOÓLICO DE 38% A 48% DE VOLUME, ENQUANTO A AGUARDENTE TEM O MESMO PROCESSO DE PRODUÇÃO, MAS TEM O GRAU ALCOÓLICO DE 38% A 54% DE VOLUME. DESSA FORMA, PODE-SE DIZER QUE TODA CACHAÇA É UMA AGUARDENTE, MAS NEM TODA AGUARDENTE É UMA CACHAÇA. VALE LEMBRAR QUE A AGUARDENTE PODE SER PRODUZIDA EM QUALQUER LUGAR DO MUNDO A PARTIR DA CANA-DE-AÇÚCAR OU DE OUTRAS MATÉRIAS-PRIMAS, COMO UVA, PERA, MAÇÃ, MAS A CACHAÇA DEVE SER BRASILEIRA.

A DIFERENÇA ENTRE CACHAÇA E OUTROS DESTILADOS

No Brasil é comum chamar qualquer aguardente de cachaça, o que é um grande erro. Como você viu até aqui, a cachaça é feita da garapa da cana-de-açúcar, bem diferente de destilados feitos com base em outras matérias-primas. Veja alguns exemplos:

Rum

Apesar de o rum ter aparecido depois da cachaça, a cana-de-açúcar foi plantada primeiro na região caribenha, mais exatamente em Santo Domingo, na República Dominicana, e chegou ao Brasil somente depois de alguns anos. O nome rum tem duas versões de origem, a primeira delas refere-se à derivação da palavra *saccharum*, nome do açúcar em latim. A outra pode ter sido uma adaptação do termo inglês *rumbullium*, cujo sentido era de grande tumulto, um termo utilizado para se referir a briga ou confusão. A primeira citação à palavra "rum" está em um documento assinado pelo governo-geral da Jamaica, em 1661. Em relação à

cachaça, a principal diferença está no processo de produção: enquanto a cachaça é feita com a garapa fresca fermentada da cana, o rum utiliza o melaço, que é um subproduto da fabricação do açúcar.

Uísque

A palavra "uísque" vem do gaélico *uisge beatha* ou *usquebaugh*, cujo significado é "água da vida". A bebida pode ser produzida a partir de três ingredientes básicos: grãos (cevada, trigo, milho ou centeio, por exemplo), água e fermento. Relatos históricos dão conta de que a primeira citação ao uísque data de 1494, quando a bebida teria sido produzida para agradar a corte real escocesa. Mas há outra versão, a qual afirma que a bebida era produzida como tônico medicinal, e isso é reforçado pelo fato de, em 1505, uma associação médica de Edimburgo ter recebido a aprovação real para monopolizar sua produção.

Há no mercado vários tipos de uísque, podendo ser classificados por conta do país de origem ou da forma pela qual o produto é obtido, ou seja, puro ou a partir da mistura de outros uísques.

Tequila

Quando os espanhóis chegaram ao México, encontraram uma bebida feita do suco fermentado de agave, uma pinha que lembra o abacaxi. No começo, chamaram a bebida de vinho mezcal. Por já conhecerem as técnicas de destilação herdada dos povos árabes, os colonizadores transformaram a bebida local em destilado e a batizaram de tequila. A palavra "tequila" significa "montanha de fogo" e recebeu esse nome por causa da tribo indígena Tequilis, localizada na região de Tequila, no México, próxima de um vulcão. A principal matéria-prima para se produzir a tequila é o agave, mas em alguns casos também pode haver adição de outros tipos de álcool originados de outras matérias-primas.

Vodca

No fim da década de 1970, a Rússia se viu ameaçada de perder a prerrogativa de utilizar o nome vodca, sob alegação de que empresas estrangeiras já utilizavam o nome havia mais tempo e o argumento se baseou num imbróglio histórico. Em 1914, o governo czarista proibiu a produção da vodca e em 1917, ano da Revolução Russa, houve uma fuga em massa do país e muitos produtores passaram a produzir a vodca em outros países. Em 1991, o historiador russo William V. Pokhlióbkin publicou o livro *Uma história da vodca*, reunindo documentos que devolveram a titularidade à Rússia. O fato é que a vodca, hoje, é produzida com excelência na França, Finlândia, Polônia e, até mesmo, no Brasil. Como a matéria-prima é o etanol de alta pureza, é necessário fazer múltiplas destilações e filtragens até chegar ao ponto ideal. Trigo, batata e até cana-de-açúcar podem ser utilizados como matéria-prima.

Gim

Nos primeiros anos do século 17, o médico holandês Francisco De La Boe estava em busca de um remédio que pudesse combater com eficiência as crises renais. Por conter propriedades capazes de tratar o mal, o zimbro foi a matéria base escolhida, porém a pesquisa não avançou. Mas foi assim que os alunos da Universidade de Leiden, a 35 quilômetros de Amsterdã, testemunharam o nascimento de uma das bebidas mais populares do planeta.

Embora tenha surgido na Holanda, foram os ingleses que popularizaram a bebida, quando soldados britânicos, de volta para casa após batalhas na Holanda, levaram o gim na bagagem. O destilado logo caiu no gosto de todos, tanto que os ingleses passaram também a produzi-lo, e hoje os gins ingleses são os mais famosos do mundo. À medida que a bebida ganhava o planeta, principalmente nos tempos das grandes navegações, recebia novos ingredientes e novas infusões de especiarias. O maior garoto-propaganda da bebida é o agente secreto 007, James Bond, que popularizou o dry martini feito com vermute, gim e uma azeitona.

ENTENDA AS DIFERENÇAS:

Bebida	Grau alcoólico	Envelhecimento	Origem
Rum	Enquanto a legislação brasileira determina graduação alcoólica entre 38% e 48% para a cachaça, o rum pode variar entre 35% e 70%.	Enquanto o rum utiliza geralmente o carvalho, a cachaça pode usar mais de 30 madeiras, o que garante ampla vantagem sensorial ao nosso destilado.	A cachaça é denominação de origem brasileira, enquanto o nome rum pode ser utilizado por diversos países.
Uísque	O uísque pode variar entre 38% e 54%.	É extremamente difícil encontrar no mercado uísque que não passe por envelhecimento em barris de madeira de carvalho europeu ou americano.	Embora tenha origem europeia, o uísque pode ser produzido em diversos países, incluindo o Brasil, o qual tem até legislação específica para a produção da bebida.
Tequila	A tequila pode ter graduação alcoólica entre 35% e 55%.	Embora seja sensorialmente aceito na versão sem madeira, a tequila também pode ser armazenada ou envelhecida em qualquer tipo de carvalho.	A tequila é um destilado com certificação de origem e provém da região de Jalisco, no México.
Vodca	De acordo com a legislação brasileira, a vodca pode ter entre 36% e 54% de volume alcoólico.	Salvo raras exceções, as vodcas não são envelhecidas nem armazenadas em madeira.	Originária da Polônia e Rússia, mas também é feita em países como França, Finlândia e até no Brasil.
Gim	A graduação alcoólica do gim varia de acordo com o país de origem. Pode ficar entre 40% e 50%.	O gim é engarrafado sem envelhecer, mas há experiências no mercado que mostram a bebida maturada em algumas madeiras.	O gim tem sua produção iniciada na Holanda e, posteriormente, na Inglaterra. Hoje é produzido em muitos países, incluindo o Brasil, envolvendo, por exemplo, também a cana-de-açúcar como fornecedora do álcool base.

11 MITOS E VERDADES SOBRE A CACHAÇA

Que tal descobrir como está seu nível de conhecimento sobre a cachaça? Vamos aos mitos e verdades.

1. CACHAÇA É UMA COISA E PINGA É OUTRA. (MITO)

O nome "pinga" é apenas mais uma denominação da cachaça entre os milhares devidamente registrados. O consumidor acostumou-se a chamar o que é bom de cachaça e o que é ruim de pinga, o que não é verdade. O termo pinga surgiu do processo de produção da cachaça, mais precisamente no momento da destilação, quando o vapor se transforma em líquido e começa a "pingar" no alambique, ou seja, começa a destilar a cachaça.

2. A CACHAÇA É O PRIMEIRO DESTILADO DAS AMÉRICAS. (VERDADE)

Quando os portugueses chegaram aqui, eles trataram logo de procurar uma boa birita para acompanhá-los nos dias pesados de trabalho. A primeira coisa que viram foi o cauim, uma bebida fermentada feita de uma massa de mandioca mastigada na saliva dos nativos. Não rolou, eles não gostaram mesmo! Então trouxeram a bagaceira, um destilado produzido em Portugal feito a partir do bagaço da uva, mas os altos custos tornava a importação inviável. Então, com a chegada da cana-de-açúcar, no período inicial da colonização, começaram a produzir o primeiro destilado das Américas: a cachaça.

3. A CACHAÇA FOI DESCOBERTA AO "ARDER" NAS COSTAS DOS ESCRAVOS. (MITO)

Aliás, mito total, daqueles que se alastram pelos grupos de redes sociais, e ninguém sabe como começou nem quando vai acabar. Assim que descobriram que a cana-de-açúcar e a terra brasileira tiveram um "caso de amor à primeira vista", os portugueses decidiram trazer para o Brasil o alambique, que foi inventado pelos árabes há milhares de anos. A história de que um tacho de garapa foi esquecido em um canto da senzala, fermentou, evaporou com o calor e com o frio ardeu nos ferimentos dos escravos, ganhando assim o nome de "água ardente" é um supermito. A palavra "aguardente" já era utilizada para denominar destilados como o arac, o quirche, a aquavita e o uísque.

4. TOMEI UMA CACHAÇA DE BANANA. (MITO)

Muito mito! Como explicado no tópico anterior, a cachaça só pode ser produzida à base de cana-de-açúcar, o que permite a ela receber, legalmente, essa denominação. Se alguém lhe oferecer uma "cachaça" de banana, pêssego, uva ou qualquer outra coisa nesse sentido, saiba que você estará tomando ou uma bebida mista, ou um licor, ou uma aguardente originada daquela fruta.

5. TOMEI UMA CACHAÇA FEITA EM OUTRO PAÍS. (MITO)

Você pode ter tomado uma boa aguardente, porque a cana-de-açúcar se adapta muito bem em vários países de clima tropical, tornando viável sua produção nesses locais, bastando para isso dominar as técnicas de fermentação e destilação. E se sua intenção é apreciar nossa boa cachaça, rejeite imitações, pois, como já foi dito, ela é uma denominação de origem brasileira.

6. QUANTO MAIS ENVELHECIDA MELHOR FICA A CACHAÇA. (MITO)

Uma cachaça bem maturada não é necessariamente aquela que vence o que chamamos de "campeonato da cachaça envelhecida". Vale lembrar que a bebida tem uma diversidade de madeiras, sendo que para algumas não é recomendado envelhecer por muito tempo. Veja o exemplo da madeira amburana, que necessita de pouco tempo para transferir à cachaça toda sua complexidade sensorial. Para formar sua opinião a respeito do tempo de envelhecimento, recomendamos que prove vários tipos de cachaças envelhecidas e veja quais delas agradam mais o seu paladar.

11 MITOS E VERDADES SOBRE A CACHAÇA

7. TOMEI UMA CAIPIRINHA DE CACHAÇA. (VERDADE)

A caipirinha é um dos drinques mais consumidos do planeta, e até recebeu uma lei no Brasil garantindo sua proteção. Estamos falando do art. 68 do decreto nº 6.871/2009, que esclarece: "[...] com graduação alcoólica de 15% a 36% por cento em volume, a 20 ºC, elaborada com cachaça, limão e açúcar, poderá ser denominada de caipirinha (bebida típica do Brasil), facultada a adição de água para a padronização da graduação alcoólica e de aditivos". Historiadores e etílicos, por vezes, discordam sobre a origem da caipirinha, afinal quem não quer ser pai de filho bonito? A versão mais aceita é a de que o drinque, que nos dias de hoje é feito com limão, açúcar e cachaça, foi criado no estado de São Paulo no ano de 1918, para combater o surto de gripe espanhola. Nasceu com a composição de suco de limão, mel de abelha e cachaça. Hoje, o açúcar substitui o mel, e ainda ganhou gelo, porque só assim para combinar com o clima tropical de quase todo o território brasileiro. Importante: é bom lembrar que se você trocar o destilado não poderá mais chamar o drinque de "caipirinha".

8. CACHAÇA BOA É A MAIS CARA. (MITO)

É claro que uma cachaça bem produzida – e feita com zelo –, aquela que agrega a história de um alambique e tem uma proposta de marketing diferenciada, com um bom rótulo e uma boa garrafa, terá a tendência de custar mais caro. Mas há muitas opções no mercado com valores mais em conta, que cabem em todos os bolsos. Nesse caso, saber identificar uma boa cachaça faz toda a diferença.

9. ALGUMAS CACHAÇAS PODEM TER CHEIRO DE FLOR. (VERDADE)

Aliás, não somente cheiro de flor. Uma boa cachaça, quando bem produzida, pode ter aromas variados, que lembram cana-de-açúcar, frutas, ervas, especiarias e madeiras. Sempre que uma cachaça trouxer à memória o cheiro de coisas agradáveis, é um indicativo de que a bebida foi bem produzida.

10. CACHAÇA DEVE SER TOMADA EM PEQUENOS GOLES. (VERDADE)

Assim como qualquer outro destilado, a cachaça deve ser tomada em pequenos goles e não na forma de shot, ou seja, de uma só vez. No caso da cachaça, há um motivo ainda melhor para se tomar bem devagar, já que a bebida pode ser envelhecida em mais de trinta tipos de madeiras, cada uma passando uma complexidade sensorial diferente.

11. CACHAÇA DEVE SER TOMADA EM COPO DE VIDRO. (VERDADE)

O primeiro aspecto que se deve observar na degustação de uma cachaça é o visual. A bebida precisa ter limpidez, transparência, cristalinidade, e essas características só podem ser vistas através do vidro transparente. Nesse caso recomendamos a taça padrão ISO, vendida em qualquer loja especializada do ramo, o que vai melhorar muito a experiência sensorial.

"A cachaça nasceu em algum lugar do litoral brasileiro." Esta é frase mais falada por especialistas quando questionados sobre onde nasceu a "branquinha". Mas, espere, como assim "em algum lugar"? A resposta é mais simples do que parece. A cachaça tem, aproximadamente, quinhentos anos de história, mas uma onda de guerras, invasões, incêndios e todo tipo de saques deixaram muito de nossos documentos oficiais resumidos a memórias e registros de historiadores. Com isso, a cachaça é provavelmente o único destilado do planeta a ter três certidões de nascimento (ver p. 26).

Como podemos perceber, a discussão se arrasta há pelo menos cinco séculos, e também é sabido que não está perto de acabar.

Aliás, muito pelo contrário, a cachaça tem a seu favor a fusão com fatos históricos: em qualquer tempo ou cenário que trate de contar a história do Brasil, lá está nossa branquinha.

Em seu momento mais contemporâneo, podemos listar acontecimentos que só valorizaram nossa cachaça desde sua criação. Citamos como exemplo as ações do Instituto Brasileiro da Cachaça (Ibrac), em favor de reforçar a titularidade brasileira sobre nosso destilado. Atuando com o governo brasileiro, o Ibrac conseguiu fazer com que países

Colonizadores iniciaram a produção da cachaça com a cana-de-açúcar trazida da Ilha da Madeira.

1516

REGISTROS HISTÓRICOS AFIRMAM QUE A FEITORIA DE ITAMARACÁ, EM PERNAMBUCO, JÁ CONTAVA COM UM ENGENHO DE PRODUÇÃO DE AÇÚCAR. PORTANTO, CONSIDERANDO-SE A TEORIA DO "ONDE HÁ FUMAÇA HÁ FOGO", PODE-SE DEDUZIR QUE JÁ HAVIA PRODUÇÃO DE CACHAÇA POR LÁ. A TESE, ALIÁS, É REFORÇADA PELA FAMOSA FRASE DO FOLCLORISTA CÂMARA CASCUDO, AUTOR DO LIVRO *PRELÚDIO DA CACHAÇA*, QUE DIZ "ONDE MÓI UM ENGENHO, DESTILA O ALAMBIQUE".

1520

TAMBÉM HÁ SUSPEITAS DE QUE A CACHAÇA TENHA NASCIDO EM ALGUM ENGENHO EM PORTO SEGURO, NA COSTA DO DESCOBRIMENTO DO BRASIL, E A PARTIR DE LÁ TER DESEMBARCADO EM COPOS E TAÇAS POR TODO O PLANETA.

1532

ESTA É A VERSÃO MAIS ACEITA POR HISTORIADORES. MARTIM AFONSO DE SOUZA TROUXE PARA A CAPITANIA DE SÃO VICENTE AS PRIMEIRAS MUDAS DE CANA-DE-AÇÚCAR PLANTADAS NO ESTADO DE SÃO PAULO. SURGIU, ENTÃO, O ENGENHO SÃO JORGE DOS ERASMOS, QUE TERIA SIDO O GRANDE BERÇO DA CACHAÇA, PARTINDO DAÍ A PRODUÇÃO PARA TODO O BRASIL. VESTÍGIOS DO ENGENHO SÃO CONSERVADOS ATÉ HOJE E O LOCAL É ABERTO PARA VISITAÇÃO DO PÚBLICO.

A produção e o consumo da cachaça estão presentes de forma marcante na história e na formação cultural do brasileiro.

como Estados Unidos e México reconhecessem o Brasil como único produtor de cachaça. Em contrapartida, o Brasil reconheceu que os destilados bourbon e tennessee, "uísques" à base de milho, são de origem norte-americana, o mesmo acontecendo com o México em relação à tequila.

Embora tenha nascido há aproximadamente cinco séculos, a cachaça historicamente carece de reconhecimento e nos dias atuais não são poucas as ações que cumprem esse papel. O surgimento de entidades que representam produtores em busca de mais conhecimento, de forma que a cachaça possa se tornar cada vez mais um produto de excelência capaz de competir em pé de igualdade com qualquer destilado do planeta, é prova disso. Em Minas Gerais um grupo de produtores e especialistas ligados à cadeia da cachaça criou a Academia Nacional dos Produtores de Cachaça de Qualidade, onde assuntos pertinentes à produção de cachaça de alambique são constantemente discutidos.

Isso mostra o quanto o pensamento em prol da cachaça só evoluiu e o quanto se aprendeu com a herança deixada pelos produtores que lutaram pela valorização de nosso destilado. Veja alguns exemplos:

A REVOLTA DA CACHAÇA

No começo do século 17, a cachaça era popular e já havia caído no gosto geral. Então começaram os boicotes. Primeiro foram nas minas de diamante, onde os mineradores (escravos) eram proibidos de consumir a cachaça, com a alegação de que a produtividade caía. Mas, na verdade, a Coroa temia que uma aproximação entre os comerciantes e os mineradores pudesse aumentar o consumo da cachaça em detrimento do vinho, que era mais caro, portanto consumido pelos mais ricos. Naquela altura já estavam proibidas as produções de hidromel e aguardente, porém isso só aumentava o contrabando, e, sem ter como conter o avanço, a Coroa teve a ideia de taxar a cachaça com altos impostos e, assim, a revolta não demorou em acontecer. Indignados com as altas taxações e com as perseguições, donos de alambiques tomaram o poder no Rio de Janeiro, em um movimento que durou cinco meses. Depois de muita luta, em 1661 os produtores venceram a queda de braço e a cachaça voltou a ser produzida.

Em Minas também teve bronca histórica

Em 21 de abril de 1792, Joaquim José da Silva Xavier, o Tiradentes, foi enforcado em praça pública sob acusação de ser um dos líderes da chamada Inconfidência Mineira, ou falta de fidelidade ao

rei. Essa foi mais uma revolta originada dos altos impostos cobrados pela Coroa portuguesa.

Historiadores afirmam que a cachaça era amplamente consumida nas reuniões secretas para discutir os rumos do movimento. A cachaça era valorizada como um dos grandes símbolos nacionais. O levante mineiro foi sufocado por Portugal, mas a cachaça seguiu viva na história e vários alambiques continuaram funcionando, entre eles o Engenho Boa Vista, que foi fundado pela família de Tiradentes e produz a branquinha até os dias atuais.

Na Revolta da Chibata tinha cachaça? Sim, tinha!

"Há muito tempo nas águas da Guanabara, o dragão no mar reapareceu na figura de um bravo feiticeiro, a quem a história não esqueceu..." O trecho da letra escrita por João Bosco e Aldir Blanc ressalta a homenagem aos marinheiros que, em 1910, lutaram pelo fim dos baixos salários, das políticas repressivas, da péssima alimentação e do castigo físico caracterizado pelas chibatadas aplicadas aos marujos desobedientes, no convés dos navios. A revolta foi planejada por dois anos, e aconteceria dez dias após a posse do então presidente eleito, marechal Hermes da Fonseca. Antes disso, o marinheiro Marcelino Rodrigues Menezes foi severamente punido por tentar embarcar carregando cachaça entre seus pertences e por atacar, com uma navalha, o colega que o delatou. Foram 250 chibatadas, dez vezes a mais do usual, o que precipitou a revolta.

Depois de muita tensão e até alguns tiros de canhão sobre o palácio do governo federal no Rio de Janeiro, um acordo foi firmado incluindo o fim da chibata. Assim, a rebelião foi sufocada.

COMO SURGIU A CACHAÇA

Rebelião ou arruaça?
O cangaço no sertão nordestino

Alguns historiadores chamam de arruaça uma ação de criminosos que assaltavam em benefício próprio. Outros denominam o cangaço como movimento de insurgência contra os mandos e desmandos dos coronéis do sertão, os quais impunham ao povo a fome, a privação e a miséria.

De acordo com historiadores, Virgulino Ferreira, o Lampião, ao lado da companheira Maria Bonita, liderava o bando que, ao chegar às cidades, ajudava os que eram favoráveis ao cangaço e agiam com violência contra aqueles que eram contrários.

Nesse cenário, a cachaça entra como fonte de alimentação e encorajamento aos bandoleiros. Conta-se que os homens, ao invadirem as cidades do sertão, logo iam à procura de cachaça para manter o suprimento e os líderes do movimento usavam a bebida para encorajar os cangaceiros no enfrentamento armado com a polícia.

O cangaço, amado por alguns e odiado por outros, foi sufocado pelas forças governamentais. Os relatos de especialistas sobre as ações dos bandoleiros afirmam que, depois da eliminação do grupo, os líderes tiveram a cabeça cortada e conservada na cachaça para que fossem exibidas aos populares como símbolo maior de vitória da polícia sobre o movimento. O último grupo cangaceiro famoso, porém, foi o de Cristino Gomes da Silva Cleto, o Corisco, assassinado em 25 de maio de 1940.

Vestígios históricos: as ruínas do Engenho dos Erasmos, em São Vicente–SP, são uma espécie de prova arqueológica de que a cachaça nasceu em São Paulo, em 1532.

7 FATOS CURIOSOS

1. ABSTINÊNCIA DE PORTUGUESES ORIGINOU A CACHAÇA.

Existem relatos de que a abstinência dos portugueses, no período da colonização, pode ter sido um dos principais pontos de partida para o que temos hoje em milhares de prateleiras espalhadas pelo Brasil. Naquele tempo, o costume entre as famílias mais ricas dos colonizadores era tomar a bagaceira, um destilado português feito com o bagaço da uva. Ocorre que, por muitas vezes, a bebida demorava a chegar a terras brasileiras, surgindo assim a necessidade de buscar alternativas por aqui mesmo. Foi quando o vinho da cana-de-açúcar, produzido de forma rústica, começou a ser destilado.

2. OS MÉDICOS RECEITAVAM E ATÉ TOMAVAM A BRANQUINHA.

Não foram poucos os usos da aguardente com finalidades medicinais, pois essa cultura é antiga e os próprios egípcios já usavam a "aqua ardens" (água ardente) para inalação. A caipirinha nasceu como remédio para combater a gripe espanhola, que se espalhava por São Paulo em 1918. Também existem relatos históricos da cidade de São Paulo de que no século 18 a aguardente de cana era utilizada para combater o sarampo e, até mesmo, a varíola, trazida pelo branco europeu no período colonial, que dizimou milhares de nativos. Guilherme Piso, médico naturalista holandês que esteve no Nordeste entre os anos de 1638 e 1644 e autor do que é considerada uma das maiores obras científicas do Brasil de todos os tempos, reservou um trecho importante para os benefícios da cana-de-açúcar no tratamento de várias doenças.

3. ALGUNS NOMES QUE A CACHAÇA JÁ TEVE OU TEM ATÉ HOJE.

O *Dicionário folclórico da cachaça*, escrito por Mário Souto Maior, que o diga: há pelo menos três mil apelidos para a bebida registrados no livro. Mas vem de longe a criatividade brasileira para colocar nome na branquinha, opa, na cachaça! Quando a bebida começou a ser produzida, ainda no período colonial, já recebeu o apelido de "aguardente da terra". O termo era uma clara referência ao destilado produzido no Brasil e que competiria diretamente com a bagaceira. Aguardente da terra também foi uma expressão muito utilizada em revoltas nacionalistas, como a Inconfidência Mineira, em que se bebia a cachaça nas reuniões secretas. Conta-se também que Tiradentes, como último desejo antes da forca, pediu para molhar a goela com a aguardente da terra, uma atitude extremamente simbólica para a causa da Inconfidência. Mas os apelidos já fazem parte do cotidiano da cachaça há muito tempo, como mostram os exemplos a seguir.

Vinho de mel (Portugal), em 1649.
Cachaça, em 1660.
Geribita, em 1668.
Aguardente de cachaça, no século 17.
Aguardente de cana, no século 17.
Aguardente do país, no século 17.
Aguardente feita de açúcar, no século 17.
Aguardente que na terra se lavra, no século 17.
Aguardente, em 1711.
Geribita da terra, em 1757.
Pinga, em 1773.
Água ardente, em 1774.
Caninha, em 1867.
Paraty, no século 18.
Januária, no século 20.
Salinas, no século 20.

7 FATOS CURIOSOS

4. QUANDO A CACHAÇA VIROU LEI.

Relatos históricos dão conta de que em 1755 a branquinha já era chamada oficialmente de cachaça, até mesmo por políticos. Nessa época, o então governador da capitania de Minas Gerais, em atendimento a uma determinação da Coroa, mandou que se cumprisse a ordem de "paralisar a produção da cachaça". O fato é citado como um dos primeiros registros oficiais pelo qual as autoridades brasileiras já chamavam o destilado nacional com o nome que temos hoje. Mas foi somente em 2001 que o presidente Fernando Henrique Cardoso assinou o decreto que oficializava a cachaça como produto tipicamente brasileiro. Em 2003, o presidente Luiz Inácio Lula da Silva regulamentou o decreto nº 4.851, o qual torna a cachaça, legalmente, um produto nacional e ainda editou um texto regulamentando as normas de produção e comercialização. Criou-se a instrução normativa nº 13 em 29/6/2005. Com ela, toda cachaça produzida e vendida no Brasil precisa ter o aval do Ministério da Agricultura, Pecuária e Abastecimento (Mapa). A medida tem o objetivo de estabelecer rigorosos cuidados na produção e comercialização da cachaça, visando proteger o consumidor.

5. NÃO TINHA POLÍCIA? SEM PROBLEMA, A CACHAÇA GARANTIA A SEGURANÇA.

Bem no começo da colonização ainda não havia força policial formada, tampouco Exército à disposição da sociedade. Nesse caso, a orientação da Coroa era para que se construíssem os engenhos como se fossem fortalezas, a fim de combater as invasões, que eram corriqueiras na época. A prática foi seguida principalmente no Nordeste, pois as históricas tentativas de invasão aconteciam naquela região. Foi somente em 1624, com a invasão holandesa, que os exércitos regulares começaram a ser formados, e os quartéis construídos para abrigar os soldados. Boa parte do dinheiro usado para financiar essas construções veio dos impostos sobre a venda da cachaça.

6. A ESCOLA PÚBLICA NO BRASIL COMEÇOU COM A CACHAÇA.

Em 1752, a Igreja Católica exercia influência nas decisões políticas e isso incomodava Portugal, que resolveu afastar os padres da função de educar. Por essa razão acabou o dinheiro vindo da Igreja, e a solução foi taxar a cachaça e usar os recursos para financiar a nova escola. A ordem era que a cada 30 litros de cachaça vendidos, 1.500 réis iriam direto para uma espécie de imposto literário, e este foi cobrado até 1831. Verifica-se aí que os impostos da cachaça são parte importante da origem da educação pública no Brasil.

7. O ESCRAVO NÃO INVENTOU A CACHAÇA, MAS AJUDOU A IMPULSIONAR O CONSUMO.

No início do período colonial, a extração do pau-brasil era a grande impulsionadora da economia. A chegada da cana-de-açúcar ocasionou mudanças e o país conheceu a chamada "febre do ouro branco", como ficou conhecido o açúcar. Mas para movimentar as moendas dos engenhos, que se multiplicavam em todo o território nacional, era utilizada a mão de obra escrava. O negro africano trabalhava de sol a sol e para aguentar o tranco bebia cachaça, por ser considerada uma importante fonte de energia.

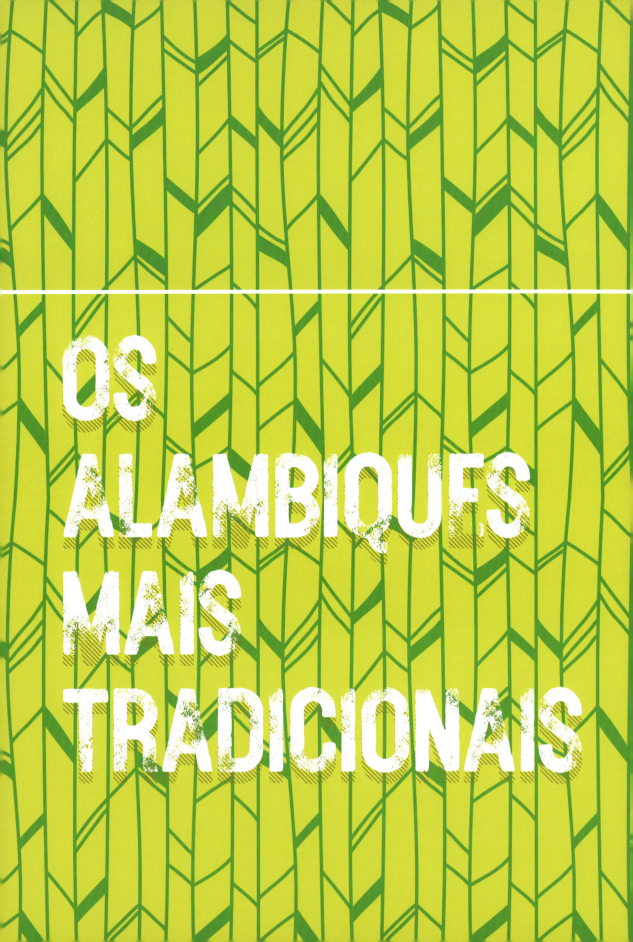

OS ALAMBIQUES MAIS TRADICIONAIS

O Brasil tem, de acordo com dados oficiais, aproximadamente 5 mil alambiques devidamente registrados no Ministério da Agricultura, Pecuária e Abastecimento (Mapa). Para falarmos de todos que você precisa visitar, e olha que nós andamos por muitos deles, teríamos de escrever uma enciclopédia. Mas como temos apenas o espaço de um livro, elegemos aqui alguns deles para você colocar em sua agenda de viagem e não deixar de visitá-los. Estar em um desses alambiques é entender como a cachaça nasceu e resistiu ao tempo, em virtude de suas peculiaridades sensoriais e graças ao trabalho de famílias que atravessaram décadas carregando com orgulho a história de nossa cachaça. Vamos a eles:

O alambique está presente em praticamente todos os estados brasileiros, onde o clima temperado é um forte aliado da produção da cana-de-açúcar de qualidade.

Fazenda Havana
Cachaça Havana/Anísio Santiago

Em 22 de dezembro de 2002 morria Anísio Santiago, aos 91 anos de idade, mas a cidade de Salinas, no norte de Minas Gerais, habitada por pouco mais de vinte mil pessoas, estava ganhando naquele dia a entrada definitiva de um mito para a história da cachaça. Durante sua vida Santiago conduziu com muita disposição o alambique da Fazenda Havana, de onde até hoje saem as lendárias cachaças Havana e Anísio Santiago. Os dois nomes se devem a um imbróglio jurídico travado por décadas com a multinacional Pernod Ricard, que registrou no Brasil a marca Havana Club para comercializar o rum de mesmo nome. A discussão ganhou os tribunais, mas em 2005 a justiça da comarca de Salinas concedeu à família Santiago o direito sobre as marcas, até o julgamento do mérito em instâncias superiores. Com isso ganharam consumidores e colecionadores, que hoje vendem por pequenas fortunas os rótulos da Havana produzidos antes do embate jurídico e os da Anísio Santiago, nome escolhido para a cachaça após o baque na justiça. Fato é que visitar Salinas sem separar um dia para estar na Fazenda Havana é como estar em Roma e não ver o papa. As cachaças são envelhecidas por períodos que vão de oito a dez anos em tonéis da madeira bálsamo. A forma de envelhecimento, aliada à baixa produção, está entre os fatores que colaboram para tornar os rótulos verdadeiros objetos do desejo de apreciadores e colecionadores.

Localização: Salinas–MG

Alambiques ajudam a manter vivas a história, a cultura e a tradição de se produzir boa cachaça em vários municípios brasileiros.

OS ALAMBIQUES MAIS TRADICIONAIS

Engenho Boa Vista
Cachaça Século XVIII

A fazenda onde se localiza o Engenho Boa Vista é, sem sombra de dúvidas, o mais emblemático para os amantes da boa cachaça. Foi construído em 1775 e é o alambique mais antigo do Brasil em funcionamento. De acordo com relatos históricos da família dos produtores, pertenceu a padre Domingos Xavier, irmão mais novo de Joaquim José da Silva Xavier, o Tiradentes. Uma das cachaças produzidas por lá é a Século XVIII, hoje aos cuidados do mestre alambiqueiro Nando Chaves, que ainda utiliza as técnicas mais rudimentares de produção de cachaça, como o aquecimento por fogo direto no alambique e fermento ao melhor estilo caipira. O resultado é uma cachaça constantemente citada em rankings especializados e premiada em concursos nacionais e internacionais.

Localização: Coronel Xavier Chaves–MG

Alambique Sanhaçu

Quer conhecer as cachaças mais premiadas do estado de Pernambuco? Então vá agora para a cidade de Chã Grande, no interior do estado. Foi lá que Moacir Eustáquio, aposentado, em 1993, decidiu comprar um sítio para trabalhar com agricultura orgânica. Dez anos depois, com o sucesso do cultivo orgânico em sistema de agrofloresta, ele e seus filhos passaram a estudar a cana-de-açúcar e como resultado dessas pesquisas hoje a fazenda produz cachaças envelhecidas em amburana, freijó e carvalho. Recentemente, a família resolveu inovar e o alambique passou a funcionar à base de energia solar, tornando a produção ainda mais sustentável. Eles também aumentaram consideravelmente o número de visitas que o alambique costuma receber. Além de turistas, desembarcam por lá estudantes de turismo e das mais variadas disciplinas, que além de uma excelente cachaça, podem levar para casa o açúcar orgânico produzido lá mesmo. Visitar a sala de fermentação, onde as leveduras trabalham ao som da música clássica, é uma atração à parte. Segundo estudos feitos pela família, a música melhora a qualidade da cachaça: funciona!

Localização: Sítio Valado s/n, zona rural de Chã Grande – PE

Produção sustentável é a principal aposta do alambique onde se produz a cachaça Sanhaçu, no interior de Pernambuco.

Sítio Santo Antônio
Cachaça Maria Izabel

A mulher por trás de um mito é apenas uma das atrações ao visitar o alambique de Maria Izabel, que produz em Paraty a cachaça que leva seu nome. Maria Izabel tem uma história de luta e superação que faz questão de contar a quem quiser ouvir. Ela toca o alambique com a ajuda de poucos

OS ALAMBIQUES MAIS TRADICIONAIS

funcionários, que utilizam cana-de-açúcar plantada no próprio sítio, localizado às margens da Bahia de Paraty. O cenário, por si só, já vale a visita, mas estar com Maria Izabel e provar um pouco dos sete mil litros que ela produz a cada safra é sem sombra de dúvida uma experiência incrível para apaixonados, ou não, por cachaça.
Localização: Paraty–RJ

Destilaria Vitória
Cachaça Middas

A única cachaça do planeta que vem com flocos comestíveis de ouro 23 quilates importados da Alemanha tem endereço: Fazenda Santa Catarina, na cidade de Dracena. É lá que o mestre alambiqueiro André Fioravante observa cuidadosamente cada gota de cachaça que sai dos alambiques ali instalados. É lá também que é produzida a cachaça Middas, armazenada por dois anos em tonéis da madeira amendoim do campo. Uma vez por ano, as cachaças que envelhecem pacientemente em barris de carvalho americano e francês com um toque de amburana, todos de primeiro uso, são utilizadas para fazer a Middas Reserva, que também leva flocos de ouro e é mais rara. A cada safra são engarrafadas apenas mil garrafas. O alambique também produz a cachaça Catarina desde 2006. O nome é uma homenagem à bisavó do produtor.
Localização: Dracena–SP

Fazenda Santa Catarina, de onde saem as cachaças Catarina e Middas.

Alambique Canabella
Cachaça Canabella

O Vale do Paraíba, no interior de São Paulo, é uma região de ar puro por conta de estar em uma área ainda quase intocada de Mata Atlântica. Além da condição natural favorável, a água pura que circula por lá é um dos segredos da cachaça Canabella. O alambique fica em Salesópolis e as cachaças produzidas por ele já foram reconhecidas pelo público e premiadas em concursos. Visitar o alambique da cachaça Canabella é tomar contato com a realidade da qual não se quer distanciar, regada a bom atendimento, boa prosa e excelente cachaça.

Localização: Salesópolis–SP

Luxo e modernidade convidam o apreciador a ficar um pouco mais no alambique onde se produz a cachaça Canabella.

Fazenda Taverna Real
Cachaça Taverna de Minas

É um alambique, mas não é qualquer alambique. Trata-se do local embrionário de praticamente todas as cachaças de qualidade que circulam por esta terra. É na fazenda Taverna Real que o professor Arnaldo Ribeiro treina novos mestres e produtores. Milhares de pessoas já passaram por lá. Além de ensinar, Arnaldo também produz rótulos para se provar de joelhos. Entre as marcas estão as premiadíssimas Taverna de Minas, com presença garantida em rankings e concursos. É de lá que sai também a Cipó da Serra e a Orgulho Nordestino, destiladas sob a tranquilidade do interior, que testemunha a tecnologia trabalhando em silêncio para dizer como produzir as melhores cachaças do Brasil.

Localização: Itaverava–MG

OS ALAMBIQUES MAIS TRADICIONAIS

Sítio Goiamunduba
Rainha Paraibana

Você é amante de uma boa cachaça mas não quer passar pela vida sem provar novas experiências com a cana-de-açúcar? Então o alambique que produz a aguardente de cana Rainha Paraibana, na cidade de Bananeiras, é a próxima parada. Os produtores garantem que o engenho Goiamunduba está ativo desde 1877, com suas construções da época do Brasil Colônia, que são um espetáculo à parte. Visitar o engenho e tomar uma Rainha bem gelada é, com certeza, um convite ao retorno.

Localização: Bananeiras–PB

Cachaçaria Weber Haus
Cachaça Weber Haus

Na chamada Rota Romântica da cidade de Ivoti, no Rio Grande do Sul, um alambique se destaca entre milhares de hectares de produção de uva. É lá que a família Weber produz cachaça desde 1948, quando começou a utilizar o conhecimento de destilação para abastecer amigos e familiares. O negócio cresceu, multiplicou-se e, nos anos 2000, com o alambique já modernizado, nasceu a cachaça Weber Haus, hoje presente em vários países, levando para além das fronteiras uma cachaça de excelente qualidade. O visitante poderá ainda experimentar uma linha de licores, além de suco de uva e açúcar mascavo.

Localização: Ivoti–RS

Na chamada Rota Romântica de Ivoti, o alambique onde se produz a cachaça Weber Haus ajuda a contar a saga da imigração alemã no Brasil.

OS SEGREDOS DA CACHAÇA

Alambique Santíssima
Cachaça Romana

No final dos anos 1980, o casal José Otávio de Carvalho Lopes e Rosana Romano assumiram uma missão: reformar a Fazenda Santo Antônio das Pitangueiras e a sede, um casarão construído em 1715. No local havia um antigo alambique com capacidade de produzir 6 litros de cachaça a cada alambicada, que foi reativado pelo casal. Nascia então a Cachaça Romana, que era distribuída apenas entre amigos e familiares. A bebida logo chamou a atenção e o minialambique deu lugar a um equipamento maior, recebendo o nome de Santíssima, e os rótulos Santa Romana e Bem Me Quer passaram a ser produzidos na fazenda. As cachaças receberam como "certidão de nascimento" o selo padrão exportação e, embora tenha caído de imediato no gosto do consumidor estrangeiro, são atrações também para quem desembarcar na fazenda, na cidade mineira de Pitangui.

Localização: Pitangui–MG

O alambique Santíssima começou como um pequeno negócio e hoje produz cachaças consagradas no Brasil e no mundo.

Engenho São Paulo
Cachaça Cigana

Você quer saber como trabalha o maior produtor de cachaça de alambique do Brasil? Então precisa ir até o Engenho São Paulo, na Paraíba, onde se produzem as cachaças São Paulo, Caipira, Cigana e São Paulo Cristal. O engenho iniciou as atividades em 1909, quando vendia açúcar mascavo, mel e rapadura. Com a crise no final dos anos 1930, a demanda pelos produtos diminuiu e os administradores passaram a se dedicar apenas à cachaça. Hoje o parque conta com dezenas de alambiques trabalhando a todo vapor para produzir e engarrafar milhões de litros de cachaça a cada safra.

Localização: Cruz do Espírito Santo–PB

OS ALAMBIQUES MAIS TRADICIONAIS

Engenho São Luiz
Cachaça Engenho São Luiz

Em 1906, o empreendedor José Zillo iniciou, no bairro Rocinha, em Lençóis Paulista, uma destilaria para aproveitar o potencial da cidade que já produzia a cana-de-açúcar. A empresa se tornou uma das maiores produtoras de aguardente do país até a década de 1940, quando começaram a surgir as grandes usinas produtoras de álcool combustível, sufocando muitos engenhos artesanais, entre eles o empreendimento da família Zillo. Nos anos 1970, a família decidiu resgatar a história trazendo de volta a produção de cachaça e dando início à destilação da Engenho São Luiz, hoje encontrada nas versões prata, armazenada em tonéis da madeira amendoim do campo; ouro, envelhecida em barris de carvalho; e a extra premium, também envelhecida em barris de carvalho. Quem vai ao local pode degustar a história da família enquanto verifica a coleção de medalhas internacionais premiando o esforço dos produtores que estão em constante busca pela cachaça de qualidade.

Localização: Lençóis Paulista–SP

Engenho São Luiz, excelente local para se tomar uma boa cachaça e conhecer as raízes empreendedoras do interior de São Paulo.

Fazenda Cio da Terra
Cachaça Matriarca

Estar na Costa do Descobrimento, na Bahia, um dos pontos considerados nascedouro da nossa cachaça, é uma viagem que pode ser melhorada se a visita for acompanhada de uma boa bebida. Para isso, recomendamos uma ida à Fazenda Cio da Terra, onde a família do empresário Adalberto Pinto produz a cachaça Matriarca e também doces e iguarias. O visitante terá contato com uma gastronomia que privilegia os sabores locais, com destaque para a carne produzida na fazenda, com tratamento à base de sobras dos subprodutos da cachaça, proporcionando uma experiência única de sabores que conquistam até os apreciadores mais exigentes.

Localização: Caravelas–BA

Fazenda Tupã
Cachaça Princesa Isabel

Se você quer tomar uma cachaça que foge aos padrões ao ser envelhecida em uma madeira diferente das mais de 30 utilizadas para maturar a cachaça, a Fazenda Tupã é sua melhor escolha. Localizada às margens do Rio Doce, em Linhares, no Espírito Santo, o alambique ali instalado se notabiliza por produzir cachaças premiadas e também por uma de suas vedetes, a Princesa Isabel Jaqueira, armazenada em tonéis fabricados com madeira tratada cuidadosamente antes de servir ao envelhecimento de cachaça. No alambique, a mistura natural das cores também inspirou os rótulos das cachaças. Estar na Fazenda Tupã, degustando bebidas bem produzidas enquanto se proseia ao cair do sol, é uma experiência para ser vivida e relembrada nos rótulos, sempre com uma boa taça na mão.

Localização: Linhares–ES

Localizado às margens do Rio Doce, o alambique da Fazenda Tupã produz a cachaça Princesa Isabel.

OS ALAMBIQUES MAIS TRADICIONAIS

Fazenda Recanto
Cachaça Gogó da Ema

Como entender o paladar de juízes internacionais com larga experiência em provar os melhores destilados do planeta? Simples, degustando uma boa dose da cachaça Gogó da Ema, na fonte, em São Sebastião, em Alagoas. A Gogó da Ema nasceu em 2002, fruto do sonho do engenheiro civil Waldir Ferreira Tenório, que idealizou um projeto de uma fazenda sustentável, que produzisse cachaça de excelência. O esforço resultou na cachaça Gogó da Ema, uma das mais conhecidas no Brasil por sua presença constante em rankings especializados e pelas medalhas internacionais conquistadas com frequência.

Localização: São Sebastião–AL

O sonho de um engenheiro civil se transforma em negócio de família e, na Fazenda Recanto, produz uma das cachaças mais premiadas do país.

Fazenda Tabúa
Cachaça Tabúa

Na década de 1930, na Fazenda Tabúa, ainda se destilava com o engenho movido a tração animal e a cachaça era vendida apenas na vizinhança e no comércio da cidade de Salinas. Foram décadas de produção de uma cachaça falada e apreciada por muitos. Em 2002, José Lucas Mendes de Oliveira, neto dos criadores do engenho, decidiu deixar de lado a vida de seminarista para mergulhar no universo da cachaça. Hoje a fazenda conta com dezenas de rótulos e recebe visitantes que procuram, entre outras coisas, saber como funciona a central de captação de água da chuva que é tratada para ser usada na produção de cachaça. Lucas Mendes corre o Brasil mostrando aos apreciadores mais exigentes o que é uma cachaça produzida com dedicação e muita qualidade, mas está sempre disposto a uma boa prosa sobre o que mais gosta de fazer.

Localização: Salinas–MG

PRODUÇÃO

Produzir cachaça é relativamente simples, mas, como todo processo, requer muitos cuidados. Afinal, estamos falando de produtos em constante transformação, como caldo de cana-de-açúcar e fermento.

Para se ter uma boa cachaça é preciso seguir alguns padrões, que podem variar de acordo com a localização do alambique e as condições climáticas, o que no Brasil são extremamente voláteis.

O passo a passo da fabricação, entretanto, não sofre grandes alterações para a cachaça produzida em qualquer parte do Brasil. Em geral, a cana-de-açúcar, já devidamente adaptada ao clima, deve ser cortada, moída e fermentada no intervalo de um dia.

Em geral, para se ter uma destilação perfeita, a cana-de-açúcar deve ser cortada, moída e fermentada em um período de 24 horas.

O passo seguinte ao corte da cana é a extração do caldo com o uso de moendas, e só depois de retiradas as impurezas da garapa é que começa o processo de fermentação, que leva em média 24 horas.

Nesse período o caldo de cana vai se transformar em um vinho, com graduação alcoólica entre 8% e 10%. A etapa final é a destilação, quando o calor transforma o caldo fermentado em vapor e a água fria separa o álcool por meio da condensação, transformando esse vinho em cachaça.

ALAMBIQUE X COLUNA

A cachaça pode ser produzida de duas formas: em colunas de destilação feitas de aço inoxidável, geralmente utilizadas para produção em larga escala e por meio de destilação em alambique de cobre. No primeiro caso, milhões de litros de cachaça são produzidos em um curtíssimo espaço de tempo, o que resulta em uma bebida geralmente mais barata.

Já a cachaça destilada em alambique de cobre é feita de forma mais lenta e fracionada. O produtor deve descartar a primeira remessa da destilação, a chamada cabeça, que contém elementos nocivos à saúde como metanol. Se consumida, a substância pode levar à cegueira ou até a morte, em casos extremos.

A segunda remessa de destilação é chamada de coração, ou seja, a parte que pode ser consumida com segurança. Por fim, a terceira parte, conhecida como cauda, também deve ser descartada, por conter elementos que afetam a qualidade da bebida.

O Brasil exporta 1% do volume total da cachaça que produz anualmente. Grande parte dessa exportação é de cachaça de coluna.

PRODUÇÃO

O cobre no processo de destilação tem também a função de retirar aromas desagradáveis da bebida, graças à sua ação catalisadora. Com isso, o metal melhora a qualidade sensorial da cachaça.

De acordo com dados do Instituto Brasileiro da Cachaça, o Brasil possui capacidade instalada de produzir aproximadamente 1,2 bilhões de litros anuais em dois mil estabelecimentos devidamente registrados no Ministério da Agricultura, Pecuária e Abastecimento e a maioria dos engenhos do país utiliza o alambique de cobre em sua produção.

É muito comum afirmar que a bebida produzida em colunas de destilação recebe o nome de pinga e somente a feita em alambiques de cobre deve ser chamada de cachaça. Mas é importante que se diga que, pela legislação, as duas devem ser consideradas cachaça, com diferenças apenas na maneira de fermentar e se destilar. Boa parte das bebidas produzidas em colunas de destilação, leva até 30 gramas de açúcar em sua composição final, o que obriga os fabricantes a grafarem em seus rótulos a inscrição cachaça adoçada.

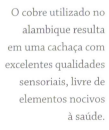

O cobre utilizado no alambique resulta em uma cachaça com excelentes qualidades sensoriais, livre de elementos nocivos à saúde.

PRODUÇÃO de destilados

- _CACHAÇA
- _RUM
- _VODCA
- _AGUARDENTE DE MELADO
  _AGUARDENTE DE RAPADURA

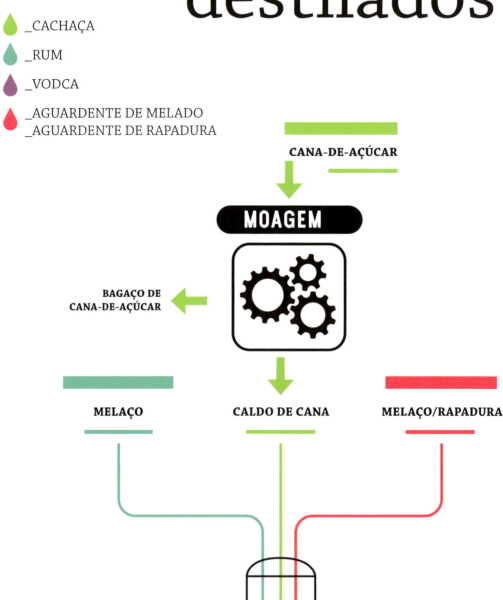

CANA-DE-AÇÚCAR

MOAGEM

BAGAÇO DE CANA-DE-AÇÚCAR

MELAÇO · CALDO DE CANA · MELAÇO/RAPADURA

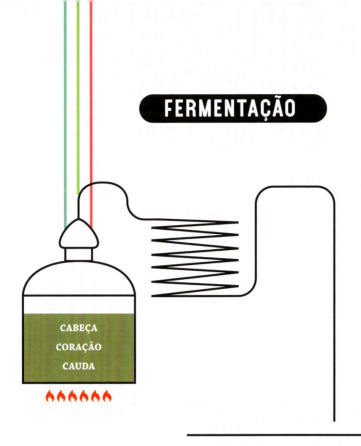
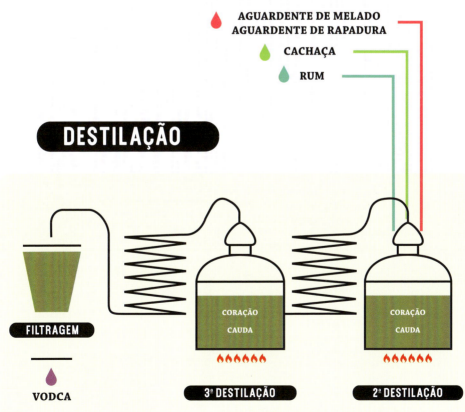

PRODUÇÃO

TIPOS DE MADEIRA

Carvalho europeu, carvalho americano, amburana, amendoim do campo, freijó, jequitibá, jequitibá-rosa, ipê, ipê-amarelo, bálsamo, castanheira, pau-brasil, jacarandá, araribá, cerejeira, grápia, pereira, peroba, louro canela, sassafrás, vinhático, e muitas outras. O Brasil tem uma verdadeira coleção de madeiras para envelhecer cachaças e isso aumenta muito a complexidade de nossa bebida, oferecendo ao consumidor sensações que jamais serão encontradas em nenhum outro destilado. Quem, em qualquer outro lugar do planeta, ousaria envelhecer um uísque ou um conhaque em tonéis de jaqueira ou de oliveira, por exemplo? Essa diversidade de madeiras também ajudou os chefs de cozinha a inovar em seus pratos, oferecendo melhores experiências ao consumidor.

Apesar da grande diversidade, a maioria dos produtores prefere apostar em madeiras mais conhecidas, como o carvalho europeu, o carvalho americano, o bálsamo, a amburana, o amendoim do campo e o jequitibá. Veja agora a complexidade sensorial que cada uma dessas madeiras confere à cachaça.

Carvalho americano

A madeira não é brasileira e o envelhecimento neste tipo de barril deixa o sabor da cachaça similar ao do uísque, do tennessee e do bourbon, sobretudo quando os barris já foram utilizados para o envelhecimento desses destilados, o que é uma prática comum entre os produtores brasileiros.

O carvalho americano, quando utilizado pela primeira vez, confere características ímpares a nossa cachaça, distribuindo aromas e sabores de coco, baunilha, amêndoa, nozes, caramelo e pão torrado.

Carvalho europeu

Utilizado para envelhecer vinhos, uísques escoceses e britânicos, conhaques e armanhaques, entre outros destilados. A coloração da cachaça envelhecida nesta madeira tende a ser âmbar e os aromas e sabores recebem toques interessantes de amêndoas, baunilha, frutas secas, banana, mel, caramelo e especiarias.

Bálsamo

A madeira também é conhecida por pau-bálsamo, e é encontrada com frequência desde o sul da Bahia até o Rio Grande do Sul. Confere à cachaça uma coloração amarelo-esverdeada e aromas herbáceos, gengibre, cardamomo, medicinal, grama seca. O bálsamo também deixa a bebida com uma leve adstringência – para você ter um comparativo, é como se estivesse comendo uma banana ainda não madura o suficiente.

No Brasil há cerca de 40 espécies de madeiras utilizadas na fabricação de tonéis para armazenar ou envelhecer cachaça.

PRODUÇÃO

Amburana

É uma das madeiras que faz o gringo pirar. O contato com a cachaça maturada em amburana pode ser definitivamente arrebatador, pois a madeira confere um amarelo-palha intenso à cachaça. Os aromas e sabores são levemente adocicados, lembrando baunilha, anis, erva-doce, canela, cravo e outras especiarias. Cachaças envelhecidas em amburana também podem ser utilizadas em blends, quando a intenção é aumentar a complexidade de aromas e sabores à bebida envelhecida em outras madeiras, como carvalho americano e carvalho europeu.

Amendoim do campo

É outro tipo de madeira que não transfere cor para a bebida e ameniza a acidez. Mais encontrada do sul da Bahia até o Rio Grande do Sul, na Mata Atlântica e em regiões de mata de Goiás e Minas Gerais. O amendoim confere à cachaça aromas herbáceos e florais. A cachaça armazenada em tonéis de amendoim do campo é ideal para o preparo de drinques, como a nossa caipirinha. Esta madeira é considerada a rainha das madeiras para o envelhecimento porque preserva na bebida os aromas agradáveis da cana-de-açúcar, florais, mel, açúcar mascavo e melaço.

Jequitibá

A madeira de jequitibá também não transfere cor para a cachaça e ameniza a acidez da bebida. Mais encontrada do sul da Bahia até o Rio Grande do Sul, na Mata Atlântica e em regiões de mata de Goiás e de Minas Gerais. Perfeita para fazer drinques, a cachaça envelhecida em jequitibá traz aromas herbáceos e florais.

A madeira usada na maturação da cachaça tem entre suas funções aprimorar a qualidade sensorial da bebida.

PRINCIPAIS REGIÕES PRODUTORAS

Em praticamente todos os estados brasileiros se produz a cachaça. Isso se deve sobretudo ao clima temperado e à modernidade dos laboratórios, que são cada vez mais aptos a produzir mudas de cana-de-açúcar capazes de se adaptar a qualquer tipo de terreno ou clima.

Há uma série de pesquisas em andamento feitas por especialistas que estudam a fundo os aspectos de produção, que vão desde a análise do solo, passando pelas condições climáticas, modos de fermentação e envelhecimento, que são considerados fatores capazes de alterar significativamente a bebida, marcando a diferença entre as cachaças produzidas em distintas áreas do Brasil.

SÃO PAULO

Dos 645 municípios paulistas, menos de 15%, de acordo com números da Associação Paulista dos Produtores de Cachaça, produzem a branquinha nacional. Mas, mesmo assim, São Paulo é considerado o maior estado produtor de cachaça. Isso acontece por conta do volume de bebida produzido em escala, em colunas de aço inoxidável. Por essa razão, atualmente é fácil de encontrar cachaças de altíssimo nível de qualidade em todo o estado de São Paulo. Vale ressaltar que a produção de cachaça de alambique em São Paulo vem registrando uma alta significativa na cadeia produtiva por conta de novas pesquisas científicas, que atraem um número cada vez maior de investidores.

Nos últimos anos – tem se notado uma melhora crescente entre as cachaças produzidas em alambiques. O fato é reforçado pelas inúmeras conquistas de medalhas internacionais.

PARATY

Essa cidade do litoral sul fluminense é uma das mais emblemáticas para a cachaça em todo o país. Pela Estrada Real chegava o ouro de Minas Gerais, que era enviado a Portugal nas mesmas embarcações que levavam a cachaça para a metrópole, e essa movimentação fez com que a cidade chegasse a ter mais de duzentos alambiques. A tradição da cachaça na cidade litorânea era tão grande que a bebida chegou, por um período histórico, a ser batizada de "Paraty". Ainda hoje, moradores antigos e alguns tradicionalistas tratam a branquinha por esse nome ou pelo apelido "Pinga de Paraty".

Hoje são menos de dez alambiques legalizados, não existindo uma produção acentuada de cana-de-açúcar no local, fazendo com que a maioria dos produtores tenham de comprar a matéria-prima de cidades próximas, como Capivari. Há um projeto em andamento para resgatar o DNA canavieiro da cidade e a expectativa é de que, em breve, as fazendas voltem a ter produção própria. Paraty foi a primeira região produtora de cachaça do Brasil a receber o selo de Identificação Geográfica.

A importância da cachaça para o turismo na região se reflete na forma como toda a cidade se empenha para realizar o tradicional Festival da Cachaça de Paraty, que acontece todos os anos no mês de agosto.

JANUÁRIA

Januária seria o nome da escrava que fugiu de seus senhores e se instalou na região às margens do rio São Francisco, dando nome ao município onde se produz cachaças distribuídas por todo o país. Rótulos com o nome "Velha Januária" reforçam a tese.

Outra versão dá conta de que o nome Januária é uma homenagem a uma das irmãs do imperador Dom Pedro II. O fato é que, independentemente da versão aceita para determinar a origem do nome da cidade, a cachaça feita por lá tem uma legião de fãs e apreciadores apaixonados pela bebida produzida às margens do rio São Francisco e rota de regiões importantes para o comércio de Minas Gerais.

Em Januária a tradição é usar a amburana como madeira de envelhecimento ou armazenamento de cachaça e o uso de garrafas âmbar (aquela utilizada pela cerveja). Segundo alguns produtores, o envolvimento emocional com esse tipo de garrafa é tão grande que os consumidores chegam a resistir à troca de embalagem.

NORDESTE

Esta é uma região de tradição "cachacista", o que pode ser facilmente confirmado ao se observar o imenso tapete verde formado pelas fazendas de cana-de-açúcar. Há um crescimento ocorrendo a olhos vistos na produção de cachaça de alambique local.

Essa evolução é vista com maior facilidade em estados como a Paraíba, onde um engenho já recebeu o título de maior produtor de cachaça de alambique do país. Investimentos em tecnologia e a chegada de novos empreendedores à cadeia produtiva fazem surgir maneiras inovadoras de se trabalhar o destilado nacional, tendo como consequência a criação de novos rótulos que estão conquistando uma fatia cada vez maior do mercado no Brasil e no exterior.

Em praticamente todos os nove estados nordestinos há produção de cachaça, e o destaque fica para localidades como o Brejo Paraibano e para a região de Abaíra, na Bahia, que tem selo de identificação geográfica.

SALINAS

Minas Gerais é considerada por muitos a capital mundial da cachaça de alambique e parte dessa fama se deve à cidade de Salinas, no norte do estado, onde há mais de sessenta marcas de cachaça produzidas em alambiques devidamente legalizados.

Uma das características da região é o envelhecimento de cachaça em tonéis da madeira bálsamo. Estima-se que atualmente são produzidos mais de 5 milhões de litros de cachaça por ano em Salinas.

A cidade mineira também é sede de um dos mais importantes festivais de cachaça do país, realizado geralmente no mês de julho, recebendo turista do Brasil e do exterior.

Vista aérea do município de Salinas no norte de Minas Gerais, considerada a capital nacional da cachaça.

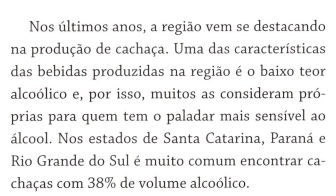

SUL

    Nos últimos anos, a região vem se destacando na produção de cachaça. Uma das características das bebidas produzidas na região é o baixo teor alcoólico e, por isso, muitos as consideram próprias para quem tem o paladar mais sensível ao álcool. Nos estados de Santa Catarina, Paraná e Rio Grande do Sul é muito comum encontrar cachaças com 38% de volume alcoólico.

    Localidades como a chamada Rota Romântica de Ivoti, no Rio Grande do Sul, são um convite ao apaixonado pela cachaça e reforçam a vocação cachaceira da região.

INDICAÇÕES GEOGRÁFICAS

AS INDICAÇÕES GEOGRÁFICAS TÊM IMPORTÂNCIA VITAL PARA O COMÉRCIO DA CACHAÇA E PARA TODOS OS ENVOLVIDOS COM A PRODUÇÃO DO DESTILADO. COMO ACONTECE COM OUTRAS BEBIDAS PRODUZIDAS PELO MUNDO, TER UMA INDICAÇÃO GEOGRÁFICA CORRESPONDE A TER UMA ESPÉCIE DE IDENTIDADE, O QUE EM UM MERCADO TÃO COMPETITIVO COM MAIS DE 5 MIL RÓTULOS À DISPOSIÇÃO DO APRECIADOR, PODE FAZER TODA DIFERENÇA NA HORA DA ESCOLHA.

Branca ou amarela? Falando assim, o processo de escolha da cachaça que você vai tomar pode parecer simples. Mas a verdade é que o que torna a cachaça um destilado completamente diferente de tudo o que você já viu ou provou é exatamente a diversidade de madeiras à disposição do produtor para armazenar ou envelhecer a bebida. São mais de trinta conhecidas e mais outras centenas sendo estudadas por pesquisadores e especialistas, que a cada ano introduzem no mercado madeiras diferentes, capazes de proporcionar ao consumidor da cachaça experiências que ele simplesmente não vai encontrar em nenhum outro destilado ao redor do mundo.

Quem poderia imaginar, por exemplo, uma boa tequila envelhecida em tonéis produzidos com a madeira da jaqueira, ou um uísque envelhecido em tonéis de bálsamo? São possibilidades assim que tornam a cachaça uma bebida única e, para melhorar ainda mais essa experiência, existem as formas diferenciadas de se maturar a cachaça em determinadas madeiras.

A cachaça deve trazer em seu rótulo especificações que vão ajudar o consumidor a fazer suas escolhas, sendo uma delas o estilo da bebida. Neste caso ela pode ter grafada as seguintes especificações:

Branca

Quando apenas descansa em recipientes de aço inoxidável até que fique pronta para ser engarrafada e comercializada. Neste caso, os produtores também podem optar por chamá-la pelas denominações prata ou clássica.

Armazenada

É a cachaça que depois de produzida é armazenada em tonéis de madeira que agregam cor e características sensoriais à bebida. Neste caso não é necessário especificar o tempo que a cachaça ficou no recipiente.

TIPOS DE CACHAÇA

Envelhecida

É a bebida que contém pelo menos 50% de cachaça envelhecida em tonéis de madeira com capacidade máxima de 700 litros por um período não inferior a um ano.

Envelhecida premium

É a bebida que contém 100% de cachaça envelhecida em tonéis de madeira com capacidade máxima de 700 litros por pelo menos um ano.

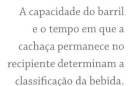

A capacidade do barril e o tempo em que a cachaça permanece no recipiente determinam a classificação da bebida.

Envelhecida extra premium

Esta bebida deve conter 100% de cachaça envelhecida em tonéis de madeira com capacidade máxima de 700 litros por pelo menos três anos.

Reserva especial

Para receber esta denominação, a cachaça deve ter características sensoriais diferenciadas das demais envelhecidas pelo mesmo alambique. A bebida deve ainda ser avaliada por laboratórios credenciados pelo Ministério da Agricultura, Pecuária e Abastecimento (Mapa).

COMO ENVELHECER CACHAÇA EM CASA

Envelhecer sua própria cachaça é uma experiência incrível, mas é preciso tomar alguns cuidados, porque, embora seja um processo simples, algumas orientações devem ser seguidas à risca para que não haja surpresas desagradáveis. Para que você tenha o melhor resultado e possa impressionar seus amigos com uma cachaça envelhecida por você mesmo, enumeramos, a seguir, 11 dicas para o envelhecimento perfeito.

1. O barril certo

A primeira coisa a fazer, claro, é comprar um barril, e aí está um dos pontos mais importantes, que é exatamente o começo de tudo. O barril precisa ser adquirido em lojas especializadas ou diretamente da tanoaria. Vale ressaltar que é muito importante exigir a nota fiscal e, se possível, o certificado de origem da madeira, pois caso o barril apresente qualquer tipo de problema, você pode solicitar a troca ou até mesmo a devolução do valor investido. É importante frisar que muitos dos barris vendidos em algumas lojas de beira de estrada com frequência não apresentam os cuidados que recomendamos.

2. Cuidado com barris malfeitos

Alguns fabricantes têm o costume de usar produtos de revestimento com o intuito de impedir o vazamento de líquido. Esta é uma técnica condenável, pois a cachaça ficará em contato com esses produtos e não com a madeira do barril. O caso mais encontrado é o uso de cera

Barris fabricados por tanoeiros profissionais e com madeiras certificadas são os indicados para envelhecer cachaça em casa.

de abelha para vedar o recipiente, mas também é comum utilizar parafina e, em algumas situações extremas, cola. Por isso, antes de comprar o barril, verifique sua parte interna com uma lanterna (pode ser a do celular), para certificar-se de que não há nada dentro dele além da madeira.

3. Tipo de madeira

Como você já sabe, há dezenas de madeiras utilizadas para envelhecer nossa cachaça, mas, dependendo da região em que você está, dificilmente vai ter acesso a todas elas. O mais comum é encontrar as madeiras mais populares: carvalho americano, carvalho europeu, bálsamo, amburana, jequitibá e castanheira. Lembre-se de que não existe a melhor madeira para envelhecer cachaça, portanto essa dica deve atender diretamente ao tipo de madeira da qual você gosta.

4. Barris envernizados ou pintados: jamais!

Eles podem ser utilizados como ótimas peças decorativas, mas não passam disso. Ao contrário, os barris envernizados ou pintados têm pouca eficiência na hora de envelhecer sua cachaça. Isso acontece porque o verniz ou a tinta tapam os microporos do barril, prejudicando a troca de oxigênio da madeira com o ambiente externo e impedindo, assim, o bom envelhecimento de sua cachaça.

5. Preparo do barril para receber a cachaça

Vamos derrubar alguns mitos e mostrar que tudo é muito mais fácil do que parece. Para começar, coloque água dentro do barril e deixe por 24 horas ou, no máximo, 48 horas, pois isso vai servir para hidratá-lo e, consequentemente, fazer com que não haja vazamento quando você colocar a cachaça. No começo desse processo é comum vazar água do barril. Se o vazamento durar mais que 48 horas, provavelmente o barril está com problemas e o melhor a fazer é trocá-lo. Quando

o vazamento parar e seu barril estiver hidratado, você deve retirar toda a água e adicionar imediatamente a cachaça de alambique. Simples assim!

6. Tamanho do barril

Essa é uma questão relativa, pois depende do que você espera como experiência de envelhecimento. Quanto menor o barril, maior a área de contato da cachaça com a madeira e menor o tempo necessário para um bom resultado. O inverso também é verdadeiro, porque barris maiores necessitam de mais tempo para atingir melhores resultados. Para envelhecimento em casa, recomendamos barris de 3 a 20 litros, a fim de que você possa ter um resultado mais rápido.

Cuidados na fabricação do barril são a garantia de que a experiência de envelhecimento será a melhor possível.

7. Conservação do barril

Deixe o barril em lugar seco, fresco e protegido da luz do sol, pois estudos demonstram que quanto mais sua cachaça estiver em contato com um ambiente com essas características, melhor será o resultado. Lembre-se de que ambientes muito úmidos podem provocar mofo no barril, e os muito quentes podem fazer com que sua cachaça evapore rapidamente.

8. Manutenção da cachaça no barril

Envelhecer sua própria cachaça é um processo que requer muita vigilância, por isso recomendamos sempre que você retire um pouco de cachaça já envelhecida e complete o barril com uma cachaça branca. Isso é necessário para evitar grande quantidade de oxigênio em contato com a cachaça, o que pode causar oxidação e, consequentemente, um aumento da acidez (cachaça "que arde" na garganta).

Durante o processo de envelhecimento em casa, é fundamental observar a evolução da cachaça retirando amostras periodicamente.

TIPOS DE CACHAÇA

Cachaças produzidas em alambique de cobre, com graduação entre 45% e 48%, são as mais indicadas para envelhecer em um barril doméstico.

9. Escolha da cachaça

O ideal é colocar uma cachaça branca com alto volume alcoólico, que pode variar entre 45% e 48%. Em alguns casos é até interessante colocar uma aguardente de cana-de-açúcar, podendo chegar até 54% de álcool, o que pode garantir uma melhor extração dos compostos da madeira.

10. A hora certa de retirar a cachaça do barril

Como é você que está envelhecendo sua própria cachaça, a hora de retirá-la do barril é definida de acordo com seus gostos e preferências. Não existe uma regra para definir o momento exato, mas nossa sugestão é acompanhar sempre o envelhecimento, retirando pequenas amostras pelo menos uma vez por semana. Quando a cachaça chegar ao aroma e ao sabor que você deseja, retire-a totalmente do barril e coloque-a em garrafas de vidro. Em seguida, complete o barril novamente com cachaça branca, para que se inicie um novo ciclo de envelhecimento.

11. Tempo de uso do barril

Toda vez que você envelhecer uma cachaça em barris novos, vai perceber que terá uma extração dos compostos da madeira muito rápida (de dois a três meses); contudo, quanto mais você reutilizá-lo, perceberá que essa extração fica cada vez mais lenta. Sendo assim, a ideia é que você utilize o barril até ele agregar os sabores e aromas que você deseja encontrar em sua cachaça. Caso isso não aconteça mais, use-o como peça de decoração ou descarte.

Em 1938, o presidente da República, Getúlio Vargas, descobriu um jeito prático de controlar o pagamento de impostos pela produção da cachaça. Por meio do decreto-lei nº 739, o governo estabelecia que ninguém poderia fabricar, beneficiar, armazenar em depósito ou vender produto que fosse sujeito à tributação sem ter uma espécie de registro. Com isso, nasceu também a obrigação de comercializar cachaça em garrafas e com rótulo contendo dados sobre o fabricante. Dessa forma, ninguém mais escaparia à cobrança dos impostos. A partir dessa determinação, surgiu, também, a expressão obrigatória: Indústria Brasileira.

Bom, se era para colocar rótulo, ok! O rótulo não demorou a se transformar em uma fonte de comunicação envolvendo discussões políticas, homenagens a personalidades, tiração de sarro, protestos e até críticas sociais. Coleções de rótulos testemunham a relação entre eles e o período de sua criação. Há exemplos de rótulos que representam mulheres nas mais diversas situações: a mulher reprimida, a dondoca ou simplesmente a imagem vulgarizada pela sociedade machista. Em outros, são representadas a condição social de quem preferia a cachaça e até a exploração do turismo sexual, usando as formas femininas nos rótulos da bebida.

RÓTULOS E DESIGN

E A GARRAFA?

Os egípcios (sempre eles!) foram os primeiros a usar recipientes semelhantes às nossas garrafas de hoje para armazenar líquidos. Notabilizada historicamente pela intimidade com a indústria da estética e da perfumaria, a civilização egípcia é a primeira que se tem notícia de que migrou das ânforas de barro e cerâmica para a elegância das embalagens de vidro. Mas foi na Idade Média que a garrafa de vidro começou a fazer sucesso, quando o inglês Henry Ricketts patenteou um molde para fabricar garrafas em série. Com o tempo, a garrafa começou a ganhar forma para ser guardada no modo horizontal, a fim de que pudesse molhar a rolha, o que aumentava a vedação da garrafa e impedia que o vinho estragasse com a entrada de oxigênio.

A invenção da garrafa foi consequência de uma descoberta feita por acaso. Textos escritos pelo historiador romano Plínio Caio, que viveu entre os anos 23 e 79 a.C., contam que os navegadores fenícios, ao acenderem fogueiras nas praias para servirem como farol, observaram que formações rochosas derretiam no fogo e tomavam novas formas quando esfriavam. Daí a transferir para a produção de vidro foi um pulo, e a garrafa surgiu séculos depois para acondicionar vinho, que estragava por ficar muito tempo guardado somente em tonéis de madeira.

No Brasil, de acordo com registros históricos, as garrafas de vidro circulam desde o período colonial, quando historiadores relataram que os nativos exibiam garrafas, não se sabendo, ao certo, a origem. Os historiadores também afirmam que o príncipe alemão Maximiliano (1782-1867), em suas viagens

Cachaça comercializada em garrafa de vidro transparente ajuda o consumidor a escolher considerando o aspecto visual da bebida.

A indústria do vidro investe cada vez mais em formatos diferentes de garrafas para atrair a atenção do consumidor, valorizando a embalagem da cachaça.

pelo Brasil entre os anos 1815 e 1817, distribuía garrafas de aguardente entre os indígenas para conseguir simpatia e colaboração em suas expedições.

A garrafa começou a ser produzida em escala somente após a Revolução Industrial, quando surgiram as máquinas e as linhas de produção. No Brasil, a primeira fábrica de garrafas de vidro foi implantada em 1810, no estado da Bahia, por Francisco Inácio da Siqueira Nobre. Em 1895, a Ypióca começou a envasar a cachaça em garrafas de vidro, 43 anos antes de a prática virar obrigação por meio de decreto-lei.

Nos anos 1950, um produtor de cachaça de Minas Gerais teve uma sacada. Como ele transportava cachaça no lombo de um burro, dia após dia debaixo de chuva e sol, resolveu empalhar as garrafas para evitar que elas se quebrassem com o contato entre elas. A palha também servia para proteger a cachaça do calor intenso enfrentado pelos tropeiros. Esse comerciante iniciou uma história que é

Por muito tempo rótulos de cachaça foram utilizados para expressar a arte, a cultura e até movimentos políticos de várias gerações.

RÓTULOS E DESIGN

Alguns produtores utilizam o rótulo para estabelecer uma relação emocional com o consumidor, através da história de sua cachaça.

preservada até os dias de hoje, mas o que ele estava fazendo na verdade já estava sendo praticado alguns anos antes. Com o decreto que obrigava a rotulagem das garrafas, surgiram máquinas que teciam garrafas com palha ou estopa para evitar que as garrafas se quebrassem.

A chamada garrafa âmbar, que hoje ainda é utilizada em larga escala, principalmente pelos produtores de Salinas, não nasceu por acaso. Produtores de cerveja descobriram que exposto à luz o lúpulo sofria alterações químicas indesejáveis e a saída seria, acondicionar a bebida em vidro escuro. A prática logo foi adotada pelos produtores de cachaça, pois queriam proteger o álcool do impacto direto da luz, proporcionando uma vida mais longa ao produto.

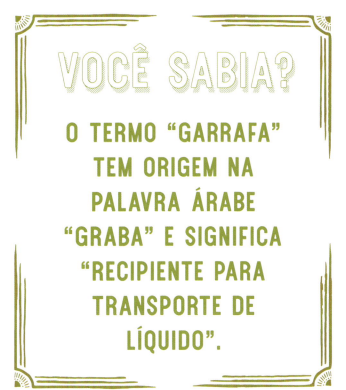

VOCÊ SABIA?

O TERMO "GARRAFA" TEM ORIGEM NA PALAVRA ÁRABE "GRABA" E SIGNIFICA "RECIPIENTE PARA TRANSPORTE DE LÍQUIDO".

5 DICAS PARA LER O RÓTULO

Vamos combinar uma coisa? Se você for comprar uma cachaça, que seja uma cachaça boa! Legalizada, certo? Mas como saber se a cachaça está dentro dos padrões de qualidade? Como saber se ela foi produzida seguindo as medidas de segurança alimentar? Sim, cachaça é um alimento e precisa ser tratada como tal.

Se você ainda não sabe como identificar uma boa cachaça pelo rótulo, não se aflija. Com as dicas a seguir você vai se tornar um mestre na hora da compra. Vamos a elas:

1. REGISTRO NO MAPA

Esta é uma das principais informações que você deve procurar em um rótulo de cachaça. Se o número do registro no Ministério da Agricultura, Pecuária e Abastecimento (Mapa) não estiver impresso no rótulo, nada mais deve ser levado em consideração: apenas deixe a garrafa na prateleira e procure outra. Uma dica: dificilmente você vai encontrar uma cachaça sem registro no Mapa em lojas especializadas, sites confiáveis e grandes redes de supermercado. As bebidas sem Mapa estão em bares e restaurantes descuidados de beira de estrada ou são oferecidas por pessoas que visitam alambiques clandestinos e juram ser a melhor cachaça que já tomaram na vida. Sem registro no Mapa, pule de prateleira.

2. ESPECIFICAÇÃO DO PRODUTO

Você saiu de casa para comprar uma cachaça, então leve qualidade para apreciar ou compartilhar com seus amigos. Em algum lugar do ponto mais alto do rótulo deve conter a inscrição "Cachaça". Atenção! Esta dica é muito valiosa: se estiver escrito algo como "cachaça de banana", "cachaça de abacaxi", ou de qualquer outro ingrediente, saiba que isso não é cachaça, pois o nome "cachaça" só pode ser atribuído a bebidas produzidas a partir do caldo fresco da cana-de-açúcar fermentado e destilado e com graduação alcoólica entre 38% e 48%.

3. ENDEREÇO E CONTATO DO PRODUTOR

Se você vai comprar alguma coisa para ingerir e servir aos seus amigos e familiares, é melhor que você saiba o que está levando para casa e quem produziu o que será consumido. O endereço e o contato do produtor devem ser de fácil localização. Deve servir também como uma maneira de tirar dúvida, caso você precise saber algo mais sobre aquela cachaça. Esses dados devem conter ainda os detalhes legais da empresa, como CNPJ e Inscrição Estadual.

4. PRAZO DE VALIDADE

Cachaça não tem prazo de validade e essa informação deve constar muito claramente no rótulo. Claro que isso não vai garantir a vida longa de sua cachaça. Lembre-se, depois de abri-la, caso sobre algo na garrafa, o recipiente deve ser bem vedado e guardado em lugar seco, longe da incidência da luz.

5. TIPOS DE MADEIRA

Um detalhe que vai ajudar muito na hora da compra é saber em que tipo de madeira a cachaça foi armazenada ou envelhecida, se é premium, extra premium ou reserva especial. Essas informações geralmente estão estampadas na parte frontal do rótulo. Para saber mais sobre cada uma dessas características, veja o capítulo "Tipos de cachaça" nas pp. 68-71.

Home distilling é o modo de produção caseiro de bebidas destiladas de qualidade, utilizando equipamentos idênticos aos das grandes destilarias, porém reproduzidos em escala menor. Dessa forma, grandes apreciadores, pesquisadores e curiosos poderão fazer a sua própria cachaça em casa de maneira simples, com alta tecnologia e no conforto do lar. A diversão é garantida!

EQUIPAMENTO BÁSICO PARA A DESTILAÇÃO CASEIRA

REFRATÔMETRO DE BRIX

Instrumento utilizado para medir o teor de açúcar em solução com poucas gotas.

SACARÍMETRO

Instrumento utilizado para medir o teor de açúcar em solução por análise de densidade.

ALCOÔMETRO

Instrumento utilizado para medir o teor de álcool em solução.

DORNA DE FERMENTAÇÃO

Equipamento no qual ocorre a fermentação do mosto.

DESTILADOR OU ALAMBIQUE

Equipamento utilizado para realizar a destilação do vinho da cana e obter a cachaça.

CONDENSADOR

Equipamento utilizado para condensar o vapor proveniente do destilador.

TERMÔMETRO

Instrumento utilizado para medir a temperatura da solução.

MOENDA

Equipamento que realiza a extração do caldo proveniente da matéria-prima.

PROCESSO DE PRODUÇÃO

O processo de produção de cachaça é muito simples e rápido, pois utiliza-se apenas o caldo fresco da cana-de-açúcar como matéria-prima. Vale lembrar que a produção caseira é voltada apenas para o consumo próprio, não sendo permitida a comercialização da bebida sem o registro no Ministério da Agricultura Pecuária e Abastecimento (Mapa). A seguir, você verá o passo a passo da produção e poderá fazer uma cachaça exclusiva, uma bebida que você não encontrará para comprar em nenhuma loja do mundo.

Moagem

É o processo de extração do caldo proveniente da cana-de-açúcar. Para a produção da cachaça, a matéria-prima, após a colheita, deve ser transportada para o local de moagem imediatamente, pois o tempo máximo entre a colheita e a moagem é de 24 horas, visando a qualidade do produto final.

A moagem deve ser feita de modo a extrair o máximo de açúcares presentes na cana. Se necessário, faça mais de uma moagem.

O caldo passa por um sistema de decantação, onde são retidos os bagacilhos e outras partículas sólidas presentes. Esse processo também pode ser realizado com peneiras. O teor de açúcares presente no caldo e o pH ácido têm grande influência ao longo do processo de produção. Portanto, após a moagem, é feita uma análise desses parâmetros, utilizando os utensílios corretos, como o sacarímetro ou o refratômetro de Brix. Esses parâmetros são corrigidos, se necessário, diluindo o caldo com água potável nas proporções corretas. O Brix de 15 é o ideal para a etapa de fermentação. Com os parâmetros corrigidos, o caldo passa a se chamar mosto, e segue para o processo de fermentação.

Fermentação

A fermentação é a etapa em que a levedura, microrganismo responsável pelo processo, em condições de pH ácido, ausência de oxigênio (anaeróbio) e temperatura entre 26 °C e 32 °C, transforma o açúcar em álcool e dióxido de carbono com liberação de energia em forma de calor.

A fermentação pode acontecer de forma espontânea, com o preparo do fermento caipira presente no próprio mosto com adição ou não de nutrientes, momento em que ele é aerado e aquecido a fim de propiciar a reprodução da levedura (*Saccharomyces cerevisiae*), ou pela adição de fermento selecionado, chamado de CA-11. A proporção utilizada de fermento CA-11 é de 1 grama por litro de caldo de cana-de-açúcar.

As diversas maneiras de fermentação estão entre os fatores determinantes para diferenciar uma cachaça de outra.

Esse é um processo exotérmico no qual há liberação de calor e, portanto, deve ser realizado de forma anaeróbia. Sendo assim, é fundamental controlar a temperatura das dornas para propiciar o trabalho das leveduras. À medida que a fermentação acontece, forma-se uma cama de gás carbônico que impossibilita a entrada de oxigênio, impedindo a contaminação do meio por bactérias.

O processo termina quando o desprendimento de gás carbônico fica evidente e, portanto, todo o açúcar foi convertido em álcool. Com isso você verá a superfície do caldo espelhada e na medição do teor de Brix o valor será zero. Sendo assim, seu mosto fermentado estará pronto para a destilação.

Destilação

A destilação não produz álcool, ela apenas concentra o álcool que já está presente na mistura do mosto já fermentado. E ocorre de modo a separar as substâncias de acordo com seu ponto de ebulição.

O alambique de cobre tem sido usado por séculos para fazer bebidas destiladas de alta qualidade. Além de ser um ótimo condutor de calor, também remove naturalmente compostos de enxofre no momento da destilação, promovendo a melhoria da qualidade sensorial da bebida.

Para a produção de bebidas, a destilação não serve apenas para separar o álcool da água, mas também para separar álcoois que não são bons ou que são tóxicos para consumo, a partir de suas diferentes temperaturas de ebulição.

O vinho de cana, ou mosto fermentado, deverá ser filtrado para a retirada do fermento e transferido para o destilador. Com isso, inicia-se lentamente o aquecimento do destilador até a temperatura aproximadamente de 90 °C. À medida que a destilação acontece, e começa a sair a cachaça, o teor alcoólico do destilado deverá ser medido com um alcoômetro.

Os produtos de uma destilação para a produção da cachaça são divididos em três frações: destilado de cabeça, de coração e de cauda. O destilado de cabeça, obtido na fase inicial da destilação, é mais rico em substâncias voláteis que o etanol, pode atingir graduação alcoólica entre 65 e 85 °GL e representa 0,4% do volume de vinho. A cauda, destilado final, apresenta teor alcoólico abaixo de 38 °GL e é rica em produtos indesejados.

Os destilados de cabeça e cauda comprometem a qualidade e o sabor do produto, além de

COMO FAZER CACHAÇA EM CASA

O ato de produzir cachaça em casa, comum principalmente nos Estados Unidos, na Europa e na Oceania, se espalha pelo Brasil.

trazerem riscos à saúde do consumidor quando incorporados à bebida. O destilado de coração é o destilado de interesse, que será utilizado para o consumo ou envelhecimento. A quantidade de destilado de cabeça, coração e cauda produzidos variam de acordo com a qualidade da fermentação, concentração do vinho, tipo e regulagem ou operação do alambique.

Quais são as 100 melhores cachaças brasileiras? Como chegar a essa conclusão sem ter provado várias e várias delas, por várias e várias vezes, repetidamente? Visitamos alambiques, conversamos com produtores, apreciamos as cachaças em horários variados e em diversas condições climáticas. Fizemos anotações técnicas e consultamos mestres alambiqueiros para saber os segredos de suas alquimias. Acreditamos que a cachaça é uma bebida que não deve ser avaliada somente por métodos técnicos e sensoriais.

Iniciamos essa viagem com o simples objetivo de mostrar que qualquer pessoa pode partir do ponto zero de conhecimento sobre cachaça e chegar ao máximo da sabedoria a respeito do maior de todos os destilados. O que você vai ver a seguir *não* é uma sequência numérica de cachaças variando da melhor para a pior ou uma tentativa de classificação por pontos ou medalhas.

Você vai descobrir qual o melhor momento de sua vida para apreciar qualquer uma das cachaças citadas. Tudo o que você aprendeu até aqui vai ajudá-lo a iniciar sua própria lista, tendo como base as cachaças que nós provamos e aprovamos.

Você está pronto para ser um apreciador, pegue sua taça e divirta-se!

ÁGUA DA MATA PRATA

Origem: Muriaé–MG
Envelhecimento: Não possui
Graduação alcoólica: 40%
Nossa impressão: Cachaça de corpo leve com aromas frutados, carregando o frescor da cana-de-açúcar.

ABAÍRA OURO

Origem: Abaíra–BA
Envelhecimento: Carvalho
Graduação alcoólica: 42%
Nossa impressão: Cachaça de corpo médio com aromas de mel, coco e caramelo e retrogosto amadeirado.

ALMA DA SERRA - HOF

Origem: Serra Negra–SP
Envelhecimento: Carvalho francês
Graduação alcoólica: 39%
Nossa impressão: Cachaça com uma interessante cor amarelo-caramelo, aromas de frutas secas, baunilha, banana e mel. Sensação aveludada e levemente apimentada.

ANÍSIO SANTIAGO

Origem: Salinas–MG
Envelhecimento: Bálsamo
Graduação alcoólica: 47%
Nossa impressão: Cachaça bem encorpada com aromas herbáceos e toques de anis, tem uma gostosa adstringência. Cor amarelo-esverdeada, característica do bálsamo da região de Salinas.

AUTHORAL GOLD

Origem: Brasília–DF
Envelhecimento: Carvalho francês, carvalho americano, bálsamo e amburana
Graduação alcoólica: 40%
Nossa impressão: Corpo intenso com aromas de amêndoas, baunilha e caramelo; retrogosto persistente e adocicado.

BASSI OURO

Origem: Santa Mariana–PR
Envelhecimento: Carvalho
Graduação alcoólica: 41%
Nossa impressão: Cachaça de baixa acidez com aroma amadeirado e leves notas de baunilha e nozes.

BATISTA OURO

Origem: Sacramento–MG
Envelhecimento: Carvalho e jequitibá
Graduação alcoólica: 40%
Nossa impressão: Cachaça de corpo leve e bem adocicada, com aromas herbáceos e amêndoas.

BEM ME QUER

Origem: Pitangui–MG
Envelhecimento: Amburana
Graduação alcoólica: 40%
Nossa impressão: Cachaça na qual se percebe aromas de mel e canela, com retrogosto persistente e amadeirado.

BENTO ALBINO PRATA

Origem: Maquiné–RS
Envelhecimento: Não possui.
Graduação alcoólica: 40%
Nossa impressão: Cachaça de corpo leve com aromas frutados e retrogosto marcante, lembrando muito a cana-de-açúcar.

CATARINA ÚNICA

Origem: Dracena–SP
Envelhecimento: Estilo single barrel em barris de carvalho americano
Graduação alcoólica: 42%
Nossa impressão: Cachaça bem aveludada, com aromas intensos de coco, baunilha e caramelo.

CABOCLINHA DONZELA

Origem: Toleto–MG
Envelhecimento: Não possui.
Graduação alcoólica: 42%
Nossa impressão: Cachaça equilibrada, com leve aroma de cana-de-açúcar; é uma ótima opção para fazer drinques, como a caipirinha.

CANABELLA OURO

Origem: Paraibuna–SP
Envelhecimento: Jequitibá, castanheira e amburana
Graduação alcoólica: 42%
Nossa impressão: Cachaça complexa, com aromas de baunilha, mel, castanha--do-pará e canela. Sensação aveludada e com baixa acidez.

CANARINHA

Origem: Salinas–MG
Envelhecimento: Bálsamo
Graduação alcoólica: 44%
Nossa impressão: Cachaça de corpo intenso, licorosa, com aromas de herbáceos de cardamomo e grama seca. Retrogosto persistente com leve adstringência.

CANA & LUA

Origem: Alterosa–MG
Envelhecimento: Carvalho
Graduação alcoólica: 40%
Nossa impressão: Cachaça de cor levemente dourada, com aromas de caramelo e baunilha e baixa acidez.

CASA BUCCO 6 ANOS OURO

Origem: Bento Gonçalves–RS
Envelhecimento: Carvalho e bálsamo
Graduação alcoólica: 40%
Nossa impressão: Cachaça com aromas complexos, trazendo notas de baunilha, chocolate e amêndoas, com leves toques herbáceos.

CIPÓ DA SERRA

Origem: Itaverava–MG
Envelhecimento: Carvalho, bálsamo e amburana
Graduação alcoólica: 40%
Nossa impressão: Cachaça de corpo leve e acidez equilibrada. Aromas característicos de baunilha, coco e especiarias. Sabor marcante de amêndoas.

COLOMBINA

Origem: Alvinópolis–MG
Envelhecimento: Jatobá
Graduação alcoólica: 45%
Nossa impressão: Cachaça de corpo médio, muito aromática, com toques de mel, baunilha e caramelo.

CANDEEIRO GRÁPIA

Origem: Ibertioga–MG
Envelhecimento: Tonéis de grápia
Graduação alcoólica: 40%
Nossa impressão: Cachaça de corpo intenso, com notas marcantes de caramelo e frutas cristalizadas.

CEDRO DO LÍBANO PREMIUM

Origem: São Gonçalo do Amarante–CE
Envelhecimento: Carvalho americano
Graduação alcoólica: 41%
Nossa impressão: Cachaça aveludada
de aroma amadeirado, com notas de coco
e caramelo.

CENÁRIO

Origem: Santa Tereza–RS
Envelhecimento: Carvalho, grápia
e angico
Graduação alcoólica: 39%
Nossa impressão: A garrafa é um
convite a não parar mais de olhar.
A cor da cachaça é amarelo-ouro.
Notas aromáticas que misturam flores,
baunilha, mel e frutas secas.

COBIÇADA - OURO

Origem: Tabirito–MG
Envelhecimento: Carvalho
Graduação alcoólica: 40%
Nossa impressão: Apresenta cor
amarelo-ouro e tem boa personalidade.
Com notas de frutas secas, especiarias
e baunilha.

COLUNINHA

Origem: Coluna–MG
Envelhecimento: Amburana, jequitibá,
ipê, castanheira e carvalho
Graduação alcoólica: 40%
Nossa impressão: Cachaça de gosto
doce, com leves toques florais, baunilha,
mel e castanha-do-pará.

COQUEIRO PRATA

Origem: Paraty–RJ
Envelhecimento: Amendoim
Graduação alcoólica: 40%
Nossa impressão: Cachaça cristalina,
com notas frutadas e herbáceas.
Retrogosto de persistência média
e adocicada.

COMPANHEIRA EXTRA PREMIUM 8 ANOS

Origem: Vale do Rio Ivaí–PR
Envelhecimento: Carvalho
Graduação alcoólica: 40%
Nossa impressão: Cachaça licorosa
de corpo intenso, equilibrada, com
aromas de tabaco, baunilha e leve toque
defumado. Retrogosto bem amadeirado
de alta persistência.

CORREINHA COMEMORATIVA 50 ANOS

Origem: Curvelo–MG
Envelhecimento: Carvalho
Graduação alcoólica: 42%
Nossa impressão: Cachaça de corpo intenso, com aroma de tabaco, baunilha e chocolate. Ideal para acompanhar um belo charuto cubano.

DA QUINTA AMBURANA

Origem: Cidade do Carmo–RJ
Armazenamento: Amburana
Graduação alcoólica: 40%
Nossa impressão: Aroma leve, que remete a canela e outras especiarias. Gosto aveludado, retrogosto persistente e amadeirado.

DONA BEJA EXTRA PREMIUM

Origem: Perdizes–MG
Graduação alcoólica: 40%
Envelhecimento: Carvalho
Nossa impressão: Cachaça leve, macia, de cor amarelo claro e interessantes aromas de baunilha e mel.

DO MINISTRO

Origem: Alexânia–GO
Armazenamento: Carvalho
Graduação alcoólica: 40%
Nossa impressão: Cachaça agradavelmente adocicada, com visual amarelo-caramelo. Nota-se a persistência das lágrimas e a densidade no paladar. Aroma com notas de baunilha, especiarias e caramelo.

ENCANTOS DA MARQUESA

Origem: Indaiabira–MG
Envelhecimento: Não possui
Graduação alcoólica: 40%
Nossa impressão: Com visual cristalino, essa cachaça tem aromas de melaço, frutado e floral.

ENGENHO SÃO LUIZ EXTRA PREMIUM

Origem: Lençóis Paulista–SP
Envelhecimento: Carvalho
Graduação alcoólica: 42%
Nossa impressão: Cachaça com boa viscosidade e aromas de coco e chocolate. Retrogosto agradável e persistente.

ESCORREGA GOLD

Origem: Campo Alegre–AL
Envelhecimento: Jequitibá-vermelho
Graduação alcoólica: 38,5%
Nossa impressão: Com visual amarelo-
-palha, a cachaça traz aromas com notas
herbáceas e florais. Sensação aveludada
e retrogosto moderado.

ENGENHO D'OURO

Origem: Paraty–RJ
Envelhecimento: Jequitibá
Graduação alcoólica: 42%
Nossa impressão: Com visual de um
amarelo bem claro, a cachaça é suave
e traz notas florais, com retrogosto
persistente de cana-de-açúcar.

ESPÍRITO DE MINAS

Origem: São Tiago–MG
Envelhecimento: Carvalho
Graduação alcoólica: 43%
Nossa impressão: O visual é
amarelo-palha e notas leves de
baunilha e mel no aroma. Retrogosto
levemente amadeirado.

FAZENDA SOLEDADE

Origem: Nova Friburgo–RJ
Envelhecimento: Ipê
Graduação alcoólica: 40%
Nossa impressão: Cachaça macia,
com notas de especiarias e tabaco.
Retrogosto macio e longo.

FLOR DA MONTANHA PRATA

Origem: Amparo–SP
Envelhecimento: Amendoim do campo
Graduação alcoólica: 40%
Nossa impressão: Maciez e
acidez equilibrada são as principais
características dessa cachaça, e traz
ainda um interessante retrogosto de
cana-de-açúcar.

GAVENA PRATA

Origem: Itupeva–SP
Envelhecimento: Amendoim do campo
Graduação alcoólica: 39%
Nossa impressão: Cachaça com
interessante aroma frutado de melão,
cana-de-açúcar e leves notas herbáceas.
Retrogosto agradável e adocicado.

GERMANA HERITAGE

Origem: Nova União–MG
Envelhecimento: Carvalho
Graduação alcoólica: 40%
Nossa impressão: Cachaça de oleosidade intensa, que traz notas de caramelo, amêndoas, mel, especiarias e retrogosto marcante e defumado.

GUARACIABA PREMIUM 8 ANOS

Origem: Guaraciaba–MG
Envelhecimento: Amburana
Graduação alcoólica: 38%
Nossa impressão: Cachaça amarelo--palha com notas aromáticas de baunilha, canela, mel e pimenta-doce. Retrogosto persistente e aveludado.

GOUVEIA BRASIL

Origem: Turvolândia–MG
Envelhecimento: Carvalho francês, carvalho americano, jequitibá-rosa e amburana
Graduação alcoólica: 40%
Nossa impressão: Cachaça leve, mas com uma interessante picância no final. No aroma, notas de mel, baunilha, tabaco e especiarias. Retrogosto persistente e amadeirado.

HAVANINHA

Origem: Salinas–MG
Envelhecimento: Bálsamo
Graduação alcoólica: 48%
Nossa impressão: Cachaça de forte personalidade, boa oleosidade, com retrogosto agradável e moderado.

HARMONIE SCHNAPS OURO

Origem: Vale do Caí–RS
Envelhecimento: Carvalho, grápia, louro canela e cabriúva
Graduação alcoólica: 38%
Nossa impressão: O blend de madeiras confere a essa cachaça aromas leves e amadeirados, com sensação de licorosidade e uma pungência bem agradável.

INDIAZINHA

Origem: Abaetetuba–PA
Envelhecimento: Não possui
Graduação alcoólica: 40%
Nossa impressão: Cachaça leve, de baixa acidez, com perfume intenso de cana-de-açúcar.

INDAIAZINHA

Origem: Salinas–MG
Envelhecimento: Bálsamo
Graduação alcoólica: 48%
Nossa impressão: Visual amarelo--esverdeado, de leve adstringência, com aromas de notas medicinais e ervas. Retrogosto agradável.

LEBLON SIGNATURE

Origem: Patos de Minas–MG
Envelhecimento: Carvalho francês
Graduação alcoólica: 42%
Nossa impressão: Cachaça de corpo intenso, com aroma adocicado e notas de frutas secas, além de coco e baunilha. Retrogosto persistente e amadeirado.

LUA CHEIA

Origem: Salinas–MG
Envelhecimento: Bálsamo
Graduação alcoólica: 45%
Nossa impressão: Cachaça de tonalidade clara com notas suaves de ervas e retrogosto levemente adstringente.

JACUBA OURO

Origem: Coronel Xavier Chaves–MG
Envelhecimento: Carvalho
Graduação alcoólica: 40%
Nossa impressão: Cachaça aveludada, com notas de coco e baunilha e retrogosto amadeirado.

MAGNÍFICA RESERVA SOLERA

Origem: Vassouras–RJ
Envelhecimento: Carvalho
Graduação alcoólica: 43%
Nossa impressão: Amarelo-caramelo, com notas aromáticas marcantes de baunilha, frutas secas, mel e caramelo. Retrogosto adocicado e persistente.

MARIA BOA

Origem: Goianinha–RN
Envelhecimento: Amarelo-cetim
Graduação alcoólica: 42%
Nossa impressão: Cachaça com visual amarelo-claro, de aroma frutado e floral. O toque de frutas silvestres faz dessa cachaça uma experiência bem interessante.

MATO DENTRO

Origem: São Luís do Paraitinga–SP
Armazenamento: Amendoim do campo
Graduação alcoólica: 42%
Nossa impressão: Notas aromáticas puxando para o cítrico, sem perder a principal característica, que é a cana-de--açúcar. Leve amargor no retrogosto e uma picância equilibrada.

MARIA IZABEL

Origem: Paraty–RJ
Armazenamento: Jequitibá
Graduação alcoólica: 44%
Nossa impressão: Cachaça de corpo médio, com uma leve adstringência, mas de baixa acidez. Aroma com notas de frutas cítricas e retrogosto persistente de cana-de-açúcar.

MARIBONDO

Origem: Guarabira–PB
Armazenamento: Freijó
Graduação alcoólica: 40%
Nossa impressão: Cachaça com uma viscosidade interessante, baixa acidez e notas que lembram raízes, tudo muito bem equilibrado. No retrogosto a cachaça traz em sua base a cana-de-açúcar.

MATRIARCA JAQUEIRA

Origem: Caravelas–BA
Armazenamento: Tonéis de jaqueira
Graduação alcoólica: 39%
Nossa impressão: Cachaça com uma leve adstringência e com interessantes notas que lembram especiarias. Aroma frutado e retrogosto persistente.

MATUTA

Origem: Areia–PB
Envelhecimento: Não possui.
Graduação alcoólica: 40%
Nossa impressão: Visual cristalino com notas aromáticas de flores brancas e cana-de-açúcar. Baixa acidez, com retrogosto leve e adocicado.

MELICANA

Origem: Bom Despacho–MG
Armazenamento: Dois anos em tonéis de castanheira
Graduação alcoólica: 40%
Nossa impressão: Aroma com toques de ervas e frutas secas. Uma leve pungência que imprime na cachaça uma personalidade ímpar. Retrogosto levemente adocicado e sabor prolongado de madeira.

MEIA LUA

Origem: Salinas–MG
Armazenamento: Jequitibá-branco
Graduação alcoólica: 41%
Nossa impressão: Cachaça cristalina com brilho intenso e notas de frutas cítricas no aroma e floral. Retrogosto leve e agradável. Impressão do sommelier: aroma com toques de ervas e frutas secas. Uma leve pungência que imprime na cachaça uma personalidade ímpar. No retrogosto um leve adocicado e um sabor prolongado de madeira.

MIDDAS

Origem: Dracena–SP
Envelhecimento: Amendoim do campo
Graduação alcoólica: 40%
Nossa impressão: Única cachaça com flocos de ouro comestíveis 23 quilates do mundo. Visual cristalino e sensação de baixa acidez. Aromas marcantes, com notas herbáceas, florais e de cana-de--açúcar. Uma cachaça para ser apreciada vagarosamente, sobretudo em comemoração a grandes conquistas.

MIDDAS RESERVA

Origem: Dracena–SP
Envelhecimento: Preza pela exclusividade e, a cada nova safra, troca as madeiras de seu blend. Em 2020, as madeiras são carvalho americano, castanheira, jatobá, amburana e acácia
Graduação alcoólica: 39%
Nossa impressão: A Middas Reserva é o encontro perfeito entre cachaças envelhecidas por 5 anos em barris de carvalho americano, castanheira, jatobá e amburana, todos de primeiro uso. Além disso, recebeu um toque especial de acácia, a mesma madeira que envelhece os melhores vinhos brancos da França, Itália, Espanha e Estados Unidos. O resultado é uma bebida única, rara, complexa e exclusiva, com notas adocicadas de flores do campo, mel de laranjeira, coco, toques de baunilha, chocolate e especiarias. Também vem com flocos de ouro comestível de 23 quilates, importado da Alemanha.

MULATINHA

Origem: Paraty–RJ
Envelhecimento: Não possui
Graduação alcoólica: 45%
Nossa impressão: Aroma intenso e frutado. Retrogosto duradouro, com leve amargor, mas final adocicado.

NECTAR DO CERRADO

Origem: Monte Alegre de Minas–MG
Envelhecimento: Castanheira
Graduação alcoólica: 39%
Nossa impressão: Visual amarelo-
-bronze; é uma cachaça suave de aromas
que lembram a castanha-do-pará e
especiarias. Retrogosto moderado
e delicado.

NOBRE

Origem: Sobrado–PB
Envelhecimento: Não possui
Graduação alcoólica: 42%
Nossa impressão: Cachaça de corpo
médio com presença marcante da cana-
-de-açúcar e aromas de frutas frescas.

OURO MINEIRO

Origem: Papagaios–MG
Envelhecimento: Amburana
Graduação alcoólica: 42%
Nossa impressão: Coloração amarelo-
-palha e aromas de cravo, mel e canela.
Retrogosto levemente adocicado.

PARDIN

Origem: Natividade da Serra–SP
Envelhecimento: Carvalho francês,
carvalho americano, amburana,
jequitibá, bálsamo e eucalipto
Graduação alcoólica: 40%
Nossa impressão: Visual amarelo-
-palha, baixa acidez e aromas de
especiarias, com destaque para a
noz-moscada.

PATRIMÔNIO

Origem: Pirassununga–SP
Envelhecimento: Bálsamo
Graduação alcoólica: 44%
Nossa impressão: Forte presença de
toques herbáceos no aroma. Cachaça
aveludada, macia e de leve amargor
no final, com acidez equilibrada.

PARATIANA OURO

Origem: Paraty–RJ
Envelhecimento: Carvalho
Graduação alcoólica: 42%
Nossa impressão: Aparência
amarelo-palha, com notas aromáticas
de amêndoa e baunilha. Retrogosto
amadeirado e adocicado.

PEDRA BRANCA

Origem: Paraty–RJ
Envelhecimento: Não possui
Graduação alcoólica: 44%
Nossa impressão: Visual límpido, com aromas frutados e de cana-de-açúcar. Acidez equilibrada e retrogosto com sensações levemente vegetais.

PERFEIÇÃO

Origem: Santo Antônio do Rio Grande–MG
Envelhecimento: Não possui
Graduação alcoólica: 43%
Nossa impressão: Apresenta brilho intenso, com notas aromáticas que lembram erva-doce e flores brancas. Retrogosto adocicado.

PIRAJIBANA OURO

Origem: Salinas–MG
Envelhecimento: Bálsamo e carvalho
Graduação alcoólica: 47%
Nossa impressão: Trata-se de uma cachaça envelhecida por mais de 25 anos, com aromas complexos de mel, baunilha e leve toque de ervas. Retrogosto adocicado, muito persistente. Essa é outra cachaça que vale a pena você provar ao menos uma vez na vida.

PORTO MORRETES EXTRA PREMIUM

Origem: Morretes–PR
Envelhecimento: Carvalho
Graduação alcoólica: 39%
Nossa impressão: Extremamente leve e macia e de acidez bem equilibrada. No aroma, frutas secas. Na boca, notas de baunilha e no retrogosto sensação aveludada.

PRAZER DE MINAS GOLD

Origem: Esmeraldas–MG
Envelhecimento: Carvalho
Graduação alcoólica: 39%
Nossa impressão: Visual amarelo--dourado, com aromas de caramelo, mel e amêndoas. Retrogosto forte e permanente na boca.

PREMISSA

Origem: Salinas–MG
Envelhecimento: Bálsamo
Graduação alcoólica: 42%
Nossa impressão: Cachaça leve com aromas intensos herbáceos, anis e especiarias. O visual amarelo--esverdeado completa a cachaça, que é leve e agradável.

PRINCESA ISABEL OURO

Origem: Linhares–ES
Envelhecimento: Carvalho americano, carvalho europeu e amburana
Graduação alcoólica: 39%
Nossa impressão: Visual amarelo-palha e notas aromáticas intensas de coco e especiarias. Retrogosto persistente e adocicado.

PROSA MINEIRA OURO

Origem: Santa Rita de Caldas–MG
Envelhecimento: Amburana
Graduação alcoólica: 39%
Nossa impressão: Visual amarelo-palha e corpo leve, muito macia e de boa licorosidade. Aroma leve e frutado, com notas de baunilha, mel, especiarias e frutas secas.

QUINTA DAS CASTANHEIRAS JEQUITIBÁ

Origem: Camanducaia–MG
Armazenamento: Jequitibá
Graduação alcoólica: 40%
Nossa impressão: No aroma notas florais dão um toque especial à Quinta das Castanheiras. Uma leve adstringência, típica do jequitibá novo, disfarçada pela acidez leve. Na boca, um adocicado e no retrogosto, cana-de-açúcar.

RAINHA DO VALLE

Origem: Belo Vale–MG
Envelhecimento: Carvalho e jequitibá
Graduação alcoólica: 45%
Nossa impressão: Cachaça bem encorpada com aromas de baunilha, mel e ervas. Retrogosto agradável e persistente.

RAINHA

Origem: Bananeiras–PB
Envelhecimento: Freijó
Graduação alcoólica: 50%
Nossa impressão: Apesar de a Rainha não ser uma cachaça, e sim uma aguardente de cana, seria injusto não colocá-la nesta lista. Trata-se de uma bebida de fortíssima personalidade, com boa potência alcoólica e aromas intensos de castanha-do-pará e cana-de-açúcar. Bebida bem encorpada com aromas de baunilha, mel e ervas. Retrogosto agradável e persistente.

RESERVA DO NOSCO PRATA

Origem: Engenho Passos–RJ
Envelhecimento: Não possui
Graduação alcoólica: 42%
Nossa impressão: Cachaça macia de acidez equilibrada e leve adocicado. Aromas que lembram o frescor do canavial e retrogosto persistente.

RIO DO ENGENHO RESERVA

Origem: Ilhéus–BA
Envelhecimento: Bálsamo, amburana, itiúba e louro-canela
Graduação alcoólica: 38%
Nossa impressão: Apresenta cor amarelo-ouro, com aroma marcante de canela, baunilha, ervas e mel. Retrogosto adocicado e persistente.

ROCHINHA 12 ANOS

Origem: Barra Mansa–RJ
Envelhecimento: Carvalho francês
Graduação alcoólica: 38%
Nossa impressão: Gosto amadeirado e adocicado, com aromas de caramelo, especiarias, frutas secas e tabaco. Retrogosto muito persistente e amadeirado.

SANHAÇU FREIJÓ

Origem: Chã Grande–PE
Envelhecimento: Freijó
Graduação alcoólica: 40%
Nossa impressão: Cachaça de corpo leve mas bem untuosa, com lágrimas robustas nas paredes do copo. Aroma com notas florais e de castanha-do-pará. Retrogosto duradouro e levemente amadeirado.

SALINEIRA

Origem: Salinas–MG
Envelhecimento: Bálsamo
Graduação alcoólica: 45%
Nossa impressão: Cachaça com toques de erva-doce e gengibre, macia, de acidez equilibrada e levemente adstringente.

SANTA TEREZINHA

Origem: Vila Velha–ES
Envelhecimento: Tonéis de canela-sassafrás
Graduação alcoólica: 38%
Nossa impressão: Cachaça bem aveludada e de baixíssima acidez, com toques de caramelo e especiarias, com destaque para a erva-doce.

SANTO GRAU

Origem: Itirapuã–SP
Envelhecimento: Não possui
Graduação alcoólica: 41%
Nossa impressão: Aroma que remete às frutas frescas e à forte lembrança da cana-de-açúcar. Na boca, acidez equilibrada e retrogosto adocicado, intenso e duradouro.

SANTO MARIO PRATA

Origem: Catanduva–SP
Envelhecimento: Amendoim do campo
Graduação alcoólica: 40%
Nossa impressão: Cachaça cristalina, com agradável paladar e quase nenhuma acidez. Aromas florais e adocicados. Retrogosto que traz o sabor de cana-de-açúcar.

SÉCULO XVIII

Origem: Coronel Xavier–MG
Graduação alcoólica: 48%
Envelhecimento: Não possui
Nossa impressão: Cachaça branca bem encorpada, extremamente aromática e com todo o vigor que a cana-de-açúcar pode ter. Aroma marcante, retrogosto bem adocicado.

SERRA LIMPA

Origem: Duas Estradas–PB
Graduação alcoólica: 45%
Envelhecimento: Não possui
Nossa impressão: Cachaça límpida e cristalina de intensa personalidade. A Serra Limpa tem notas aromáticas florais e de cana-de-açúcar marcante. Retrogosto apimentado.

SEBASTIANA DUAS BARRICAS

Origem: Américo Brasiliense–SP
Graduação alcoólica: 40%
Envelhecimento: Carvalho e castanheira
Nossa impressão: Coloração amarelo caramelo e aroma com forte interação entre coco e castanha-do-pará. Retrogosto amadeirado, adocicado e persistente.

SERRA DAS ALMAS

Origem: Rio de Contas–BA
Envelhecimento: Garapeira
Graduação alcoólica: 40%
Nossa impressão: Visual amarelo--dourado e, no aroma, notas florais, baunilha e mel. Paladar adocicado, com acidez moderada. Retrogosto persistente e marcante.

TAVERNA DE MINAS

Origem: Itaverava–MG
Armazenamento: Jequitibá
Graduação alcoólica: 39%
Nossa impressão: Cachaça com boa suavidade e sensação aveludada na boca, com leve adstringência. Retrogosto com cana-de-açúcar.

TELLURA

Origem: Campos dos Goytacazes–RJ
Envelhecimento: Jequitibá
Graduação alcoólica: 40%
Nossa impressão: Cachaça que traz as notas perfumadas do jequitibá. Bem licorosa e aveludada e, no retrogosto, o aroma persistente de sua matéria-prima, a cana-de-açúcar.

TERRA VERMELHA

Origem: Assaí–PR
Envelhecimento: Jequitibá-rosa
Graduação alcoólica: 40%
Nossa impressão: Visual amarelo-palha com notas aromáticas florais de cana-de-açúcar e acidez equilibrada.

TIARA RAINHA OURO

Origem: Barra Longa–MG
Envelhecimento: Carvalho e jequitibá
Graduação alcoólica: 42%
Nossa impressão: Coloração amarelo-palha, apresenta notas de baunilha e mel, com um leve toque floral. O retrogosto é um convite a outro gole.

TURMALINA DA SERRA

Origem: Areia–PB
Envelhecimento: Freijó
Graduação alcoólica: 42%
Nossa impressão: Aroma que lembra coco e garapa fresca de cana. Sabor adocicado com uma acidez de personalidade.

VALE DO SOL

Origem: Pitangui–MG
Envelhecimento: Amburana
Graduação alcoólica: 40%
Nossa impressão: Cachaça de personalidade, bem macia e aveludada, com características aromáticas marcantes de mel, canela e especiarias.

VALE VERDE EXTRA PREMIUM

Origem: Betim–MG
Envelhecimento: Carvalho
Graduação alcoólica: 40%
Nossa impressão: Cor brilhante e sabor adocicado persistente. Aromas que lembram baunilha e especiarias. Retrogosto bem agradável.

VELHA JANUÁRIA

Origem: Januária–MG
Envelhecimento: Amburana
Graduação alcoólica: 48%
Nossa impressão: Muita personalidade dentro de uma garrafa. Corpo intenso e aromas frutados e florais. Retrogosto com presença marcante da cana-de-açúcar.

VELHO PESCADOR

Origem: Ivoti–RS
Envelhecimento: Carvalho
Graduação alcoólica: 38%
Nossa impressão: Cachaça com notas marcantes de mel conforme o tempo de envelhecimento. Também é possível perceber baunilha e especiarias. Retrogosto bem amadeirado.

VOLÚPIA PRATA

Origem: Lagoa Grande–PB
Envelhecimento: Freijó
Graduação alcoólica: 42%
Nossa impressão: Cachaça com notas marcantes de especiarias e castanha-do-pará, sem perder a característica da cana-de-açúcar, muito presente no retrogosto.

WERNECK SAFIRA RÉGIA

Origem: Rio das Flores–RJ
Envelhecimento: Carvalho
Graduação alcoólica: 42%
Nossa impressão: Visual amarelo--ouro e com aromas intensos de coco, baunilha, mel e especiarias. Retrogosto amadeirado.

WEBER HAUS CARVALHO E CABRIÚVA

Origem: Ivoti–RS
Envelhecimento: Carvalho americano e cabriúva
Graduação alcoólica: 38%
Nossa impressão: Notas intensas de baunilha e mel. Por conta da baixa graduação alcoólica, é bem suave, de retrogosto adocicado.

WIBA BLEND DE CARVALHOS

Origem: Torre de Pedra–SP
Envelhecimento: Carvalho
Graduação alcoólica: 40%
Nossa impressão: Visual amarelo--caramelo, com notas aromáticas de frutas secas e tabaco. Retrogosto intenso e adocicado.

ASPECTOS DA BEBIDA E DEGUSTAÇÃO

Chegamos à parte do livro pela qual todos nós esperávamos e vamos, finalmente, apreciar a cachaça. E como fazer isso? A partir desta leitura, você nunca mais vai avaliar e apreciar uma cachaça em outro copo que não seja em uma taça padrão ISO, vamos ensinar-lhe o passo a passo para você entender cada etapa do processo de avaliação.

COPO OU TAÇA?

ESTE É O POPULAR COPO DE BAR, NO QUAL A CACHAÇA COSTUMA SER SERVIDA. O GARÇOM NÃO PRECISA DE UM CURSO DE SOMMELIER DE CACHAÇA PARA SERVIR NESTE COPO, MAS DE UM BOM EQUILÍBRIO, JÁ QUE ALGUÉM, ALGUM DIA, INVENTOU A EXPRESSÃO "PASSAR A RÉGUA", E ISSO NUNCA MAIS SAIU DO IMAGINÁRIO DO BALCÃO. RECENTEMENTE UMA EMPRESA LANÇOU UM COPO NO ESTILO SHOT, COM FORMATO UM POUCO MAIS ALONGADO E COM CAPACIDADE PARA 90 ML, O QUE MELHOROU A QUESTÃO DO DERRAMAMENTO DE CACHAÇA, TORNANDO POSSÍVEL REALIZAR ALGUNS DOS PASSOS QUE VAMOS MOSTRAR AGORA.

OS SEGREDOS DA CACHAÇA

A taça ISO é a mesma utilizada para degustar vários tipos de destilados, cerveja e até água. Tem capacidade para 210 ml e conta com uma haste para que não haja o contato da mão com a cachaça, evitando, assim, que o calor do corpo seja transferido para a bebida. Além disso, evita que o suor impeça de enxergar com clareza o líquido que está dentro do copo. Vamos mostrar os quatro passos para você aprender a apreciar cachaça como um rei, usando uma taça padrão ISO.

1 Sirva 50 ml de cachaça na taça (se não tiver dosador, use o copo shot). Olhe para a taça contra a luz para que, nesse momento, cumpra o papel de ajudar a ver toda a cristalinidade da bebida. Nas paredes do copo você vai perceber as "lágrimas" da bebida escorrendo lentamente, o que confere um dos primeiros indicativos de qualidade. A cachaça boa não pode ter turbidez ou qualquer outro tipo de impureza – caso apresente essas características, pode ser um sinal de que foi mal produzida.

2 Depois de visualizar, é hora de botar mais um sentido para funcionar, o olfato. Faça movimentos leves e deixe que a cachaça corra livremente pelas paredes da taça, pois esse movimento ajuda a liberar os aromas. A cachaça tem que ter aromas agradáveis e não pode apresentar odores do tipo: fermento, químico, metálico, ranço, alcoólico, sulfuroso, vinagre e mofo. Dica: deixe o nariz levemente afastado da boca do copo.

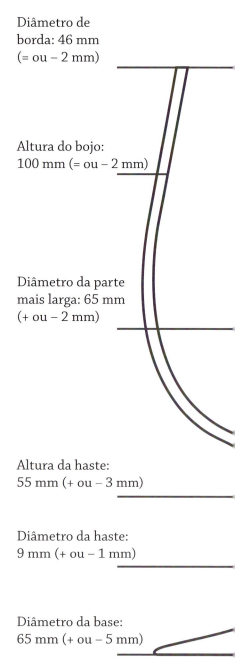

Diâmetro de borda: 46 mm (= ou – 2 mm)

Altura do bojo: 100 mm (= ou – 2 mm)

Diâmetro da parte mais larga: 65 mm (+ ou – 2 mm)

Altura da haste: 55 mm (+ ou – 3 mm)

Diâmetro da haste: 9 mm (+ ou – 1 mm)

Diâmetro da base: 65 mm (+ ou – 5 mm)

ASPECTOS DA BEBIDA E DEGUSTAÇÃO

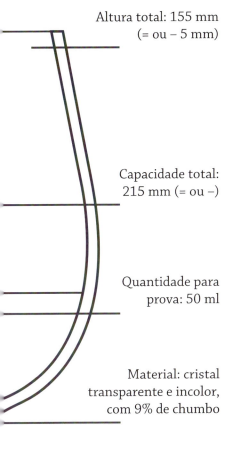

Altura total: 155 mm (= ou – 5 mm)

Capacidade total: 215 mm (= ou –)

Quantidade para prova: 50 ml

Material: cristal transparente e incolor, com 9% de chumbo

3 Depois de sentir todos os aromas da cachaça, é hora de beber. Comece com um pequeno gole para fazer uma espécie de forragem na língua e avisar o organismo que você vai começar a ingerir uma bebida alcoólica. A partir do segundo gole você vai conseguir avaliar com mais propriedade as sensações que a cachaça pode lhe proporcionar. Algumas delas são: apimentado, aveludado, pungência, adstringência e viscosidade. Dica: É importante que você execute esse passo prestando atenção nas sensações que a cachaça vai lhe dar.

4 Depois de engolir, é hora de sentir o chamado retrogosto. É nessa hora que você vai experimentar a união dos aromas e os sabores da cachaça. Normalmente o retrogosto deve proporcionar uma persistência de dois a oito minutos, quando seu corpo vai se lembrar da cachaça que você tomou. Algumas das sensações identificadas no retrogosto são: amargo, amadeirado, adocicado e alcoólico.

> DEGUSTAR CACHAÇA NA TAÇA ISO É UMA EXPERIÊNCIA ARREBATADORA. VOCÊ BEBERÁ COMO UM REI E NÃO VAI MAIS QUERER OUTRO COPO.
> FICA A DICA!

OS SEGREDOS DA CACHAÇA

VÁRIAS FORMAS DE APRECIAR A CACHAÇA

Diferentemente de outros destilados, a cachaça vai surpreender você quando tiver oportunidade de conhecer as formas descritas aqui para aproveitar ao máximo as sensações proporcionadas pela bebida. São cinco dicas que vão mudar para sempre seu conceito sobre nossa branquinha, ou amarelinha. Vamos a elas:

A cachaça é um destilado versátil, que acompanha desde um prato de entrada até o cafezinho, finalizando uma boa refeição.

Isolada

Você pode tomar pura, como abertura ou encerramento de um bom almoço ou jantar. Pode ainda, simplesmente, apreciar sua cachaça ao chegar em casa depois de um longo dia de trabalho, para relaxar. Veja a nossa dica anterior e use a taça padrão ISO para melhorar ainda mais a experiência.

Acompanhada

Você pode harmonizar sua cachaça com o que for comer ou beber e, nesse caso, o céu é o limite. Ela poderá ser acompanhada de café, chá, frutas, cerveja, caldinho, churrasco, chocolate etc. Veja no capítulo de harmonizações como explorar melhor as várias combinações entre comida e bebida.

Misturada

Cachaça é um destilado versátil e as possibilidades são praticamente infinitas quando se trata de aumentar ainda mais seu prazer e diversão. A seguir, mostraremos algumas combinações que você pode fazer com cachaça.

Cachaças brancas ou de madeiras neutras são excelentes opções para uma boa receita de caipirinha, batidas, coquetéis de frutas ou uma receita regional de quentão, entre outras. Uma opção interessante que você pode fazer é trocar o gim pela cachaça no drinque gim-tônica, por exemplo. Outra opção é, em dias mais quentes, adicionar água com gás e gelo à cachaça, para refrescar e diminuir o teor alcoólico da bebida.

Para as amadeiradas, nossa sugestão é fazer drinques mais potentes e com sabores mais amargos, acrescentando bitters. Você pode, por

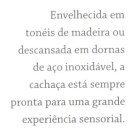

Envelhecida em tonéis de madeira ou descansada em dornas de aço inoxidável, a cachaça está sempre pronta para uma grande experiência sensorial.

exemplo, fazer o famoso drinque rabo de galo com uma cachaça bem envelhecida em tonéis de carvalho. Outra sugestão é adicionar gelo feito com água de coco ao copo ou à taça de cachaça.

Congelada

A experiência de colocar uma garrafa de cachaça no congelador é para ser compartilhada com amigos, pois é simplesmente inesquecível. O congelamento da cachaça vai deixar sensações de licorosidade, toques aveludados e muita refrescância. Os resultados sensoriais serão muito bons, tanto para as cachaças brancas como para as descansadas em madeiras neutras, como amendoim do campo, jequitibá, freijó, ou para as amadeiradas, como amburana, bálsamo, castanheira, ipê-roxo, carvalho, araruva, pereira, entre outras.

COMO INGREDIENTE NA GASTRONOMIA

Não é de hoje que a cachaça é utilizada na cozinha para melhorar ainda mais os sabores de pratos diversos. A grande variedade de madeiras confere ao destilado uma versatilidade ímpar para temperar alguns pratos. Duas sugestões: use para flambar uma boa calabresa defumada ou para marinar carne de porco. Outro exemplo é utilizar a cachaça no preparo de uma porção de pancetta.

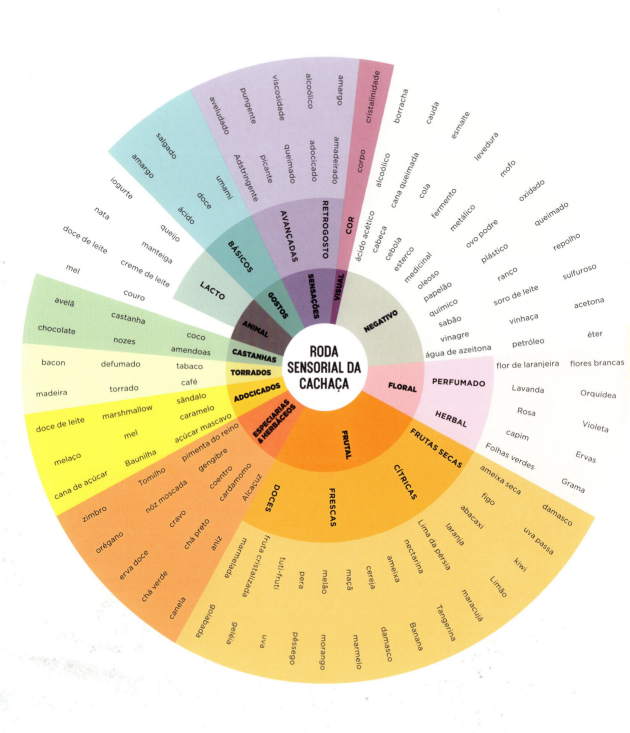

FICHA DE AVALIAÇÃO

CACHAÇA:

Marca:
( ) não envelhecida | ( ) envelhecida___anos | ( ) armazenada | madeira: _____

Cor:
( ) transparente ( ) amarelo-palha ( ) amarelo-caramelo
( ) amarelo-claro ( ) amarelo-dourado ( ) âmbar

Aroma:
( ) cana-de-açucar ( ) adocicados ( ) frutados
( ) florais ( ) herbáceos ( ) amadeirados
( ) especiarias ( ) baunilha ( ) coco
Outros: _____

Grau alcoólico: _____

Local de produção: _____

Cor: ( ) doce | ( ) salgado | ( ) amargo | ( ) ácido | ( ) umami

Sensações:
( ) aveludado ( ) adstringente ( ) licoroso
( ) picante ( ) pungente ( ) alcoólico

Retrogosto: ( ) agradável | ( ) desagradável

Intensidade: ( ) leve | ( ) moderado | ( ) forte

Comentários: _____

_____

_____

Avaliação geral: ① ② ③ ④ ⑤ ⑥ ⑦ ⑧ ⑨ ⑩

Antes de falarmos sobre harmonização, é preciso dizer que a premissa básica para o apreciador é sempre testar para descobrir novas experiências, e que não há uma regra absoluta nesse caso. Porém, existe um ponto de partida que vai ajudar muito e é exatamente sobre ele que vamos tratar neste tópico.

A cachaça é o único destilado que, em um almoço ou jantar, pode acompanhar desde a entrada até a sobremesa e, até mesmo, o cafezinho final. Isso a torna única quando o assunto é experiência de harmonização entre o que se come e o que se bebe. Existem muitas formas de promover esse agradável encontro entre comida e cachaça, e aqui vamos falar de duas técnicas principais que você precisa conhecer para não errar na hora da combinação.

Mas antes de servir o prato e o copo, uma dica: aproveite ao máximo a imensa oferta de iguarias da cozinha brasileira e até mesmo da gastronomia internacional. A incrível variedade de madeiras utilizadas para envelhecer cachaça pode fazer com que nosso destilado tenha um encontro perfeito com qualquer prato que couber em sua imaginação. Então, separe sua branquinha ou amarelinha e tenha uma excelente viagem sensorial.

HARMONIZAÇÃO POR SEMELHANÇA

Neste conceito, procuramos encontrar elementos semelhantes entre a comida e a cachaça para então uni-los na harmonização. É muito simples e quase intuitivo. Para fazer isso, utilizamos os nossos sentidos: visão + olfato + paladar.

Visão: Cores semelhantes sempre podem ser harmonizadas. Por exemplo, se o prato servido for um filé de frango grelhado ou um peixe assado na brasa, você pode escolher uma cachaça branca de corpo leve, com graduação alcoólica de 38% a 41%.

Olfato: Quanto mais aromática for a cachaça, mais aromática precisa ser a comida, procurando sempre aromas similares para fazer essa combinação. Por exemplo, um prato de camarão ao molho com especiarias vai muito bem com uma cachaça envelhecida por mais de cinco anos em tonéis de madeira bálsamo.

Paladar: Neste caso o ideal é combinar pratos pesados com cachaças mais encorpadas e pratos leves com cachaças de corpo leve, mas também devemos levar em consideração as sensações provocadas tanto pela comida quanto pela cachaça, podendo ser: apimentado, aveludado, amargo, amadeirado, adocicado, viscoso, adstringente, pungente ou alcoólico. Por exemplo, uma picanha feita na churrasqueira pode combinar muito bem com uma cachaça envelhecida em carvalho e mais encorpada.

HARMONIZAÇÃO POR CONTRASTE

Com esta técnica buscamos sensações de atração entre opostos, resultando em uma combinação perfeita. Por exemplo, o torresmo salgado vai muito bem com uma cachaça envelhecida em madeira de amburana, por ser mais adocicada. Outro exemplo é o casamento perfeito entre a caipirinha,

que é ácida por conta do limão, com a feijoada, que é gordurosa. Mais um exemplo: aprecie uma cerveja estilo IPA, que é amarga, com uma cachaça envelhecida em ipê-roxo, que é bem adocicada. Esse tipo de combinação envolve elementos antagônicos, ou seja, doce × salgado, gordura × ácido, amargo × doce etc.

EXEMPLOS DE HARMONIZAÇÃO

Agora vamos dar algumas dicas sobre harmonização, apenas para inspirá-lo. Experimente fazer você mesmo suas próprias combinações, lembrando que o céu é o limite.

Entradas ou aperitivos

Entradas, como caldinhos leves, canapés, porção de ostras, bolinho de bacalhau, bolinho de linguiça, bolinho de abóbora com carne-seca, panceta, torresmo e queijo coalho, pedem uma cachaça branca, leve e com volume alcoólico que varia entre 38% a 41%. Nesse caso a cachaça escolhida pode ser um rótulo apenas descansado em recipientes de aço inoxidável ou em madeiras suaves como amendoim do campo, freijó ou jequitibá.

Primeiro prato

Você pode combinar salada, sopas e pratos à base de frutos do mar com uma cachaça branca de corpo médio, de volume alcoólico entre 42% e 44%. Além disso, pode harmonizar peixes, lagostas, camarão, massas com molho, salmão ao molho de maracujá, ceviche de tilápia, arroz branco e risotos leves com uma cachaça branca encorpada, de volume alcoólico entre 45% e 48%. Nos dois casos, a cachaça pode ser descansada tanto em madeiras suaves quanto em tanques de aço inoxidável.

Prato principal

Se a pedida for por pratos como bacalhau com batata, frango assado, pato ao molho de laranja, dobradinha ou sarapatel, uma boa escolha seria a cachaça levemente armazenada em madeiras que transferem cor como carvalho, bálsamo, ipê-roxo, castanheira, jequitibá-rosa, grápia ou pereira. Mas, quando o prato for carne de churrasco, cordeiro, tutu mineiro, maminha na chapa, filé à parmegiana ou picanha de bode, aconselha-se acompanhar com uma bebida de envelhecimento médio, ou seja, uma cachaça premium, que ficou envelhecendo de um até três anos.

Sobremesas

Sobremesas como doce de leite, bolo de chocolate, tapiocas com recheios doces, sorvetes, doce de abóbora, tortas doces e geladas, você pode harmonizar com cachaça premium de médio corpo ou com cachaça extra premium, que são mais encorpadas. Nesse caso, as madeiras mais recomendadas são: amburana, carvalho francês e americano, canela-sassafrás, ipê-roxo e alguns blends de madeiras mais adocicadas.

A caipirinha é um dos drinques mais consumidos do planeta, e até recebeu uma lei no Brasil garantindo sua proteção. Estamos falando do decreto nº 6.871/2009, a qual esclarece que: "... com graduação alcoólica de 15% a 36% em volume, a 20 °C, elaborada com cachaça, limão e açúcar, poderá ser denominada de caipirinha (bebida típica do Brasil), facultada a adição de água para a padronização da graduação alcoólica e de aditivos". Historiadores e etílicos, por vezes, discordam sobre a origem da caipirinha, afinal quem não quer ser pai de filho bonito? A versão mais aceita é de que o drinque, que nos dias de hoje é feito com limão, açúcar e cachaça, foi criado no estado de São Paulo, no ano de 1918, para combater o surto de gripe espanhola. Nasceu com a composição de suco de limão, mel de abelha e cachaça. Hoje, o açúcar substitui o mel, e o drinque ainda ganhou gelo, porque só assim para combinar com o clima tropical de quase todo o território brasileiro.

TRÊS SURPRESAS PARA MELHORAR AINDA MAIS A SUA CAIPIRINHA

Caipirinha com cachaça armazenada em madeira de jequitibá-branco

A cachaça envelhecida em tonéis de jequitibá-branco é extremamente equilibrada, com aromas herbais e baixa acidez. O encontro desse tipo de cachaça com o cítrico do limão resulta em uma interessante explosão de refrescância e sabores.

Caipirinha com cachaça armazenada em madeira de amendoim do campo

Se sua busca for por uma caipirinha leve, macia e com uma cachaça capaz de combinar perfeitamente com o limão e o açúcar, então você deve escolhê-la. Essa cachaça costuma ter um retrogosto persistente de cana-de-açúcar, o qual é transferido para a caipirinha, tornando seu drinque uma experiência fantástica. Dica: para essa caipirinha, prefira um açúcar mascavo orgânico.

Caipirinha com cachaça armazenada em madeira de freijó

Se você procura uma caipirinha com sensações levemente amadeiradas, essa é a cachaça ideal. O freijó, embora não transfira cor para a bebida, deixa o drinque com notas aromáticas que lembram a castanha-do-pará e as nozes. Com o limão e o açúcar o resultado é extremamente singular. Dica: para essa caipirinha, use menos açúcar, assim você vai sentir melhor as notas amadeiradas.

Passo a passo para fazer a caipirinha perfeita

A caipirinha pode ser feita com vários tipos de limões, é importante estar atento aos detalhes e descartar as partes que prejudicam o sabor da caipirinha. Retire as extremidades do limão e corte a fruta em cubos, descartando o miolo branco.

Depois de colocar o limão no copo, adicione duas colheres de açúcar: para a caipirinha tradicional use o açúcar branco. Com o auxílio de um macerador, pressione levemente o limão com o açúcar para extrair o sumo, sem agredir a fruta, lembrando que esse cuidado tem a finalidade de evitar que o óleo da casca do limão deixe o drinque amargo.

Evite o uso de coqueteleira no preparo, pois movimentos bruscos podem "agredir" o limão, fazendo soltar propriedades que amargam a caipirinha.

O gelo não tem segredo, basta ser feito de uma boa água mineral e adicioná-lo até completar o copo.

Adicione 60 ml de uma cachaça produzida em alambiques de cobre.

Deixe no copo uma colher ou um canudo para que, ao apreciar, você possa dar uma mexidinha e interagir com o drinque. A caipirinha é um estado de espírito, tanto de quem prepara quanto de quem bebe. Reúna seus amigos e divirta-se. Um brinde!

CAIPIRINHAS "FORA DA LEI"

Como você já viu neste livro, existe uma legislação específica que protege a caipirinha. Mas seria uma verdadeira injustiça, nós, que temos uma diversidade de frutas tão grande no Brasil, não mostrarmos as "caipifrutas", que sempre fizeram sucesso em todo país. Por isso sugerimos algumas receitas para que você se divirta em casa.

Caipireto

½ limão-siciliano em cubos
1 colher (de bar) de açúcar demerara
30 ml de licor de amêndoa
60 ml de cachaça envelhecida em umburana

Coloque o limão e o açúcar em um copo baixo e amasse bem. Junte o licor de amêndoa e amasse mais um pouco. Encha o copo com gelo e adicione a cachaça. Mexa bem e sirva.

CAIPIRINHAS, DRINQUES E LICORES

Caipisexy

8 morangos
3 colheres (de bar) de açúcar demerara
4 tirinhas de pimenta dedo-de-moça sem sementes
50 ml de cachaça envelhecida em grápia

Coloque o morango, o açúcar e a pimenta em um copo baixo e amasse bem. Encha o copo com gelo e adicione a cachaça. Mexa bem e sirva.

Caipicrim

1 fatia de manga cortada em cubos
2 colheres (de bar) de açúcar demerara
folhas frescas de alecrim
50 ml de cachaça envelhecida em amendoim

Coloque a manga, o açúcar e as folhas de alecrim em um copo baixo e amasse bem. Encha o copo com gelo e adicione a cachaça. Mexa bem e sirva.

139

Caipijuju

50 ml de polpa de caju
15 ml de suco de limão
30 ml de mel
50 ml de cachaça envelhecida em carvalho

Encha o copo com gelo. Coloque a polpa de caju, o suco de limão, o mel e a cachaça e misture bem para dissolver o mel. Complete com mais gelo e sirva.

Caipirina

1 fatia de manga cortada em cubos
3 colheres (de bar) de açúcar demerara
50 ml de polpa de tangerina
50 ml cachaça envelhecida em bálsamo

Coloque a manga e o açúcar em um copo baixo e amasse bem. Junte a polpa de tangerina e amasse mais um pouco. Encha o copo com gelo e adicione a cachaça. Mexa bem e sirva.

CAIPIRINHAS, DRINQUES E LICORES

Caipifresca

1 rodela de abacaxi cortada em cubos
3 colheres (de bar) de açúcar demerara
folhas frescas de hortelã
fatias de gengibre fresco
50 ml de cachaça envelhecida
 em amburana

Coloque o abacaxi e o açúcar em um copo baixo e amasse bem. Junte as folhas de hortelã e o gengibre e amasse mais um pouco. Encha o copo com gelo e adicione a cachaça. Mexa bem e sirva.

Caipisanto

1 limão-siciliano cortado em cubos
3 colheres (de bar) de açúcar mascavo
folhas frescas de capim-santo
50 ml de cachaça branca

Coloque o limão, o açúcar e as folhas de capim-santo em um copo baixo e amasse bem. Encha o copo com gelo e adicione a cachaça. Mexa bem e sirva.

CLÁSSICOS E RELEITURAS

Quando se fala em drinques, a gente se lembra da International Bartenders Association (IBA), o órgão que determina exatamente como cada um dos drinques clássicos deve ser preparado. É claro que a nossa caipirinha está nessa lista, na boa companhia de outros coquetéis como pina colada, mojito, negroni e whiskey sour, sendo o único drinque da lista que é preparado com cachaça. Uma pena, né? Mas não tem problema, aqui a gente subverte a ordem e prepara esses drinques com cachaça. Para isso, convocamos a bartender Roselayne Uai, de Goioerê–PR, que escolheu diferentes cachaças para essas releituras. E para mostrar que a cachaça é ainda mais versátil na hora de preparar drinques, Roselayne traz mais quatro receitas autorais muito criativas. Um brinde!

Brasil sour

60 ml de cachaça envelhecida em carvalho americano
30 ml de suco de limão-siciliano
1 colher (de bar) de açúcar demerara
2 ou 3 gotas de bitter concentrado
15 ml de vinho tinto
gelo quebrado
casca de laranja

....

Coloque todos os ingredientes (menos o vinho) na coqueteleira e bata vigorosamente. Despeje o drinque em um copo baixo com gelo e finalize com o vinho tinto. Decore com a casca de laranja.

CAIPIRINHAS, DRINQUES E LICORES

Pinga colada

75 ml de cachaça envelhecida
100 ml de suco de abacaxi (pode usar
  também o purê da fruta ou a polpa
  congelada)
20 ml de melado de cana
10 ml de suco de limão
60 ml de leite de coco
5 pedras de gelo

Coloque todos os ingredientes na
coqueteleira e bata vigorosamente.
Despeje o drinque em um copo longo
e sirva sem o gelo. Decore com um
triângulo de abacaxi ou folhas da coroa
na lateral do copo para caracterizar esta
releitura da piña colada, um conhecido
drinque com ares caribenhos.

Negrina

50 ml de cachaça prata
50 ml de vermute tinto
50 ml de bitter
2 pedras de gelo
uma tira de casca de laranja-baía

Coloque o gelo e as bebidas em um copo baixo e misture bem. Para finalizar, torça a casca da laranja em cima do copo para que os óleos essenciais perfumem o drinque. Lembre-se de também passar a casca na borda do copo para aromatizar ainda mais esta versão brasileira do Negroni, um clássico da coquetelaria italiana.

CAIPIRINHAS, DRINQUES E LICORES

Cajito

60 ml de cachaça prata
20 ml de suco de limão
25 ml de melado de cana
um punhado de folhas de hortelã
  frescas
água com gás para completar
gelo quebrado

Coloque a cachaça, o suco de limão e o melado de cana em um copo alto. Macere as folhas, coloque no copo e depois encha o copo com gelo. Mexa com a colher até misturar todos os ingredientes. Complete com a água com gás e sirva em homenagem ao mojito, o drinque cubano com mais de cem anos de história.

Gorê

70 ml de cachaça envelhecida em bálsamo
25 ml de xarope de erva-doce e capim-santo
15 ml de suco de limão taiti
gelo em cubos inteiros

Para o xarope de ervas
200 ml de água
150 g de açúcar refinado
um punhado generoso de erva-doce em grãos e folhas de capim-santo

Comece pelo xarope de ervas: em uma panela, coloque a água e o açúcar e leve ao fogo alto. Assim que ferver, desligue o fogo e junte as ervas. Tampe e deixe esfriar.

Depois, coloque todos os ingredientes na coqueteleira e bata vigorosamente. Despeje o drinque em um copo baixo com gelo e finalize com flores de erva-doce fresca.

CAIPIRINHAS, DRINQUES E LICORES

Jazebel

70 ml de vinho branco seco
75 ml de cachaça envelhecida em
  amendoim do campo
50 ml de geleia de damasco artesanal
  (ver abaixo)
20 ml de licor de damasco
20 ml de suco de limão

Para a geleia
200 g de damasco seco
80 g de açúcar
400 ml de água
100 ml de licor de damasco

Comece pela geleia: coloque todos os ingredientes em uma panela, leve ao fogo médio e cozinhe até o damasco ficar macio. Depois, bata no liquidificador até obter um purê.

Coloque todos os ingredientes na coqueteleira e bata vigorosamente. Despeje o drinque em uma taça de martini. Decore com uma pétala de rosa branca.

Brida

60 ml de cachaça envelhecida em umburana
30 ml de licor de flor de sabugueiro
1 ou 2 gotas de bitter artesanal de especiarias (ver ao lado)
10 ml de suco de limão-siciliano
fatia de laranja-baía para finalizar

Para o bitter artesanal

10 bagas de zimbro
10 g de pimenta-de-caiena ou pimenta-do-reino
1 rodela de gengibre fresco
1 colher (sopa) de melado de cana
2 folhas de louro
casca de uma laranja madura com a parte branca para dar amargor
vodca quanto baste para cobrir

Comece pelo bitter: coloque todos os ingredientes em um vidro de compota. Complete com a vodca e tampe bem. Deixe macerar por, no mínimo, quinze dias, mexendo uma vez por dia. Passado esse tempo, coe e engarrafe.

Coloque todos os ingredientes na coqueteleira e bata vigorosamente. Despeje o drinque em um copo baixo e sirva.

Uicana

80 ml de cachaça infusionada com especiarias (ver ao lado)
30 ml de mel
20 ml de suco de limão
gelo
água com gás

Para a infusão de especiarias
2 g (cada) de hibisco seco, pimenta rosa, cardamomo, guaco e jasmim
1 garrafa (700 ml) de cachaça prata premium

Comece pela infusão: coloque todas as especiarias dentro de um pote e cubra com a cachaça. Feche bem e deixe por dois dias. Passado esse tempo, passe por um filtro de papel, como se fosse café.

Coloque todos os ingredientes em uma taça tipo bowl e mexa bem para dissolver o mel. Coloque o gelo e complete com água com gás. Decore com folhas de guaco, jasmim e pimenta rosa.

LICORES E INFUSÕES

Quando você modifica o sabor da cachaça com outros produtos, não pode mais chamá-la de cachaça, de acordo com a lei brasileira para proteger o destilado. Fazer licores e infusões é uma diversão e eles podem ser usados em drinques ou consumidos puros, gelados ou em temperatura ambiente. Pegue a receita de que mais gostou, siga as recomendações e divirta-se.

De acordo com o que é explicado em dicionários, licor é uma bebida aromatizada e doce obtida pela mistura de álcool ou aguardente com substâncias aromatizantes adicionadas de sacarose, glicose ou mel. As receitas que você encontra neste livro foram desenvolvidas e testadas tendo como base a cachaça branca armazenada em dornas de aço inoxidável.

COMO FAZER 9 TIPOS DE LICORES DE UM JEITO FÁCIL E RÁPIDO

Para a base de todas as receitas você vai precisar de 2 litros de cachaça branca produzida em alambiques de cobre e 1 kg de açúcar. Escolha o sabor de seu licor:

Laranja	2 laranjas + 1 limão
Limoncelo	3 limões-siciliano
Menta	3 maços de hortelã
Morango	2 caixas
Abacaxi	casca de 2 abacaxis
Jabuticaba	1 kg de jabuticaba
Café	350 g de grãos de café torrados
Banana	3 bananas maduras
Canela	7 paus de canela

1. Em um recipiente de vidro hermético (aquele que você consegue vedar facilmente), adicione o ingrediente escolhido (por exemplo, se for abacaxi, coloque as cascas de dois abacaxis).
2. Adicione 1 kg de açúcar e 2 litros de cachaça branca de alambique.
3. Guarde a mistura em um local seco e protegido da luz.
4. Agite vagarosamente a mistura, duas vezes ao dia, durante 15 dias.
5. Após 15 dias, abra o recipiente e coe a mistura com uma peneira fina.
6. Pronto! Acondicione em um recipiente bem fechado e guarde na geladeira, para assegurar a conservação da bebida. Divirta-se!

Dica: Para evitar a formação de "pedras de açúcar", adicione 2 colheres (sopa) de glicose de milho.

6 ERROS PARA EVITAR NA INFUSÃO DA CACHAÇA

Se você vai se dar ao trabalho de aromatizar a sua cachaça, melhor fazer isso do jeito certo para não desperdiçar nada. Confira a seguir os tropeços mais comuns e o que fazer para evitá-los.

1. USAR GARRAFAS PLÁSTICAS

É muito comum observar, principalmente em bares e botecos menos zelosos, infusões feitas e armazenadas em garrafas PET. Lembre-se de que você precisa esterilizar o recipiente antes de fazer qualquer infusão, portanto prefira utilizar potes de vidro com boca larga, pois neles o processo de esterilização pode ser feito com mais segurança. Veja como esterilizar sua embalagem:

• Se for reutilizar recipientes, primeiro retire os rótulos e depois lave-os com água quente e detergente, enxaguando-os também com água quente.

• Forre o fundo de uma panela grande com um pano limpo, coloque os frascos e as garrafas que vai utilizar, encha com água suficiente para cobri-los completamente e deixe ferver durante dez minutos. Em seguida, coloque os recipientes para escorrer em uma toalha ou pano de prato grosso, virados para baixo. Faça a mesma coisa com as tampas.

• Aqueça o forno a 110 °C (baixo) e seque os frascos e as garrafas, virados para cima, por cerca de 10 minutos. Não aumente a temperatura, pois o vidro pode rachar. Utilize as embalagens assim que elas esfriarem.

• Você também pode utilizar o ácido peracético, que pode ser comprado em sites ou em lojas de produtos para fazer cerveja.

2. FAZER INFUSÃO COM BICHOS

Outra cultura muito comum no Brasil e também em outros países do mundo é o uso de bichos para fazer infusão com cachaça. Mas especialistas alertam que, apesar de o álcool eliminar algumas bactérias e toxinas, no caso de animais, principalmente os peçonhentos, sempre podem restar elementos nocivos à saúde.

6 ERROS PARA EVITAR NA INFUSÃO DA CACHAÇA

3. DEIXAR NA CLARIDADE

Uma boa infusão deve ser protegida da claridade enquanto estiver em processo de extração. Isso vai impedir que a luz do sol "queime" a mistura, provocando uma coloração indesejada. Além disso, o calor pode estragar a matéria-prima dentro do álcool. O local de armazenamento também deve ser seco para evitar que micro-organismos contaminem a sua infusão.

4. FAZER SUA PRIMEIRA INFUSÃO EM POTES GRANDES

Antes de fazer uma infusão em um recipiente grande é recomendável testar em pequenos potes, pois você pode perder toda a sua produção caso haja qualquer erro na receita. Um dos testes recomendados é utilizar potes pequenos, aqueles que não deixam o ar entrar, e misturar diferentes tipos de ingredientes com a mesma cachaça. Lembre-se de que a cachaça branca, por não ter os aromas da madeira, acaba sendo uma base mais neutra para fazer misturas. Depois de realizar o teste, faça a infusão em uma escala maior.

5. COLOCAR FRUTOS OU VEGETAIS INTEIROS

Colocar um fruto ou vegetal inteiro em uma infusão pode não dar um bom resultado. O ideal é picar os ingredientes para que a cachaça possa interagir ao máximo com os produtos infusionados. No caso de legumes e vegetais, por exemplo, a casca, que em muitos casos é dura, pode dificultar a absorção da bebida. Em relação às frutas cítricas, caso a intenção seja uma infusão aromática (laranja e limão, por exemplo), o ideal

é tirar a casca das frutas, assim como a parte branca, e colocá-las para infunsionar. Especiarias como canela devem ser quebradas em partes. Se a intenção for infusionar pimenta, sem o ardor excessivo, lembre-se de retirar o miolo e as sementes.

6. NÃO CALCULAR O TEMPO DA INFUSÃO

Calcular o tempo de uma infusão é primordial para um bom resultado. Nesse caso, lembre-se de que infusões com especiarias tendem a demorar mais para ficar em ponto de consumo. Já as infusões com frutas moles, como o morango, tendem a infundir com mais rapidez. A seguir, algumas dicas de tempo para uma boa infusão.

- Para cravo, ervas, cardamomo, pimentas, fava de baunilha, capim-santo, gengibre, canela, frutas cítricas e semente de amburana, recomendamos de dois a quatro dias.
- Para frutas como melão, caju, morango, abacaxi, amora, pêssego etc., recomendamos de três a seis dias.
- Para frutas como maçãs e peras, recomendamos de cinco a sete dias. Nesse caso, lembre-se de retirar as sementes.
- Outras especiarias mais secas: oito a catorze dias.

Para todas: lembre-se de fazer pequenas provas ao longo do processo, a partir do segundo dia.

PARA SABER MAIS

Se você chegou até aqui, já viu que o universo da cachaça é muito amplo. São milhares de pessoas que se dedicam, todos os dias, a fabricar o melhor produto possível para representar a nossa bebida nacional. Neste livro, contamos um pouco dessa história e mostramos como o mundo da cachaça é rico e divertido. Se você quiser continuar nessa aventura, reunimos a seguir algumas dicas:

Livros

A coquetelaria ao alcance de todos, de Mestre Derivan (Edição do autor, 2011)

A nossa cachaça, de Octávio Pinto Carvalheira (Editora Massangana, 2006)

A verdadeira história da cachaça, de Messias S. Cavalcante (Sá Editora, 2011)

Ave, cachaça! Nascimento, vida, reza & glória, de Francisco Villela (Ed. do autor, 2008)

Bebidas alcoólicas: ciência e tecnologia, de Valdemar Gastoni Venturini Filho (Editora Blucher, 2016)

Cachaça, de Manoel Beato (Editora TerraBrasil, 2012)

Cachaça: a bebida brasileira, de Erwin Weimann (Editora Terceiro Nome, 2014)

Cachaça: ciência, tecnologia e arte, de André Ricardo Alcarde. (Editora Blucher, 2014)

Cachaça: cultura e prazer do Brasil, de Sandra Ventura (Edição do autor, 2006)

Cachaça: o espírito mineiro, de José Lúcio Mendes Ferreira (Edição do autor, 2013)

Cachaça: o mais brasileiro dos prazeres, de Jairo Martins da Silva (Editora Anhembi Morumbi, 2008)

Cachaça: prazer brasileiro, de Marcelo Câmara (Editora Mauad, 2004)

Cachaça: produção artesanal de qualidade, de José Benício Paes Chaves (CPT, 2002)

Cachaça: um amor brasileiro, de Alessandra Garcia Trindade (Editora Melhoramentos, 2006)

Cachaças: bebendo e aprendendo, de Marcelo Câmara (Editora Mauad, 2006)

Cachaças: engenho de ouro (Editora Inbook, 2014)

Caipirinha: espírito, sabor e cor do Brasil, de Jairo Martins da Silva (Associação Pernambucana dos Produtores de Aguardente de Cana e Rapadura, 2014)

Caipirinhas: 60 dicas testadas e aprovadas, de Kelly Costa (Gralha Azul Editora, 2017)

De marvada a bendita: a história, a gastronomia e as curiosidades da cachaça, a mais brasileira das bebidas, de Renato Figueiredo (Editora Matrix, 2011)

The Home Distilling & Infusing Handbook, de Matt Teacher (Simon & Schuster, 2015)

The Joy of Home Distilling, de Rick Morris (Perseus Books, 2014)

Todos os nomes da cachaça, de Messias S. Cavalcante (Sá Editora, 2011)

Passeios
Mandacaru Cachaçaria
Avenida Salgado Filho, 1798
Guarulhos – SP
http://mandacarucachacaria.com.br/

Museu da Cachaça e Restaurante Roda D'Água
Estrada Pinheirinho Suzan, 2036 - Jardim dos Alpes
Itaquaquecetuba – SP
http://rodadaguarestaurante.com.br/

Sites
Blog Brasil no Copo
http://brasilnocopo.com.br

Cachaçaria Nacional
http://cachacarianacional.com.br

CRÉDITO DAS IMAGENS

Acervo Mandacaru Cachaçaria por Leonardo Pacheco: pp. 80, 82-83, 132-133, 157.

Acervo do autor: pp. 11, 21, 29, 38, 39, 42-43 (acima), 46-47 (acima), 49, 56-57 (esquerda abaixo), 77 (acima), 100, 122 (esquerda), 129.

Acervo RESJE/PRCEU USP: p. 30-31.

Agência Preview: pp. 42-43 (abaixo).

André Angélico – Agência Zum: p. 45 (abaixo).

Cachaça Matriarca: pp. 72-75.

Carolina Santos e Victor Nogueira: pp. 7, 46-47 (abaixo), 76 (esquerda), 82-83, 113.

Divulgação Ypióca: pp. 50-51 (acima).

Escola da Cachaça: pp. 25, 40-41, 51 (abaixo), 52-53, 70-71, 76-77 (centro), 81, 87, 89, 90, 91, 92-93.

Estudio Setenta e Sete Ltda: pp. 5,8-9,12, 44-45 (acima), 56-57 (centro abaixo), 96.

Foto Amaral: p. 64 (abaixo).

Marcelo Martins – Museu da Cachaça SP: p. 79.

Mell Helade: pp. 56-57 (acima).

Shutterstock: pp. 14, Kubisko; 15, 124, Oleksandra Naumenko; 16 (acima), Shulevskyy Volodymyr; (abaixo), Mariola Anna S; 17, Jacob Lund; 19, photographerstudio; 23, Sandy Gasperoni; 27, robert napiorkowski; 33, 119, 153, Dado Photos; 35, Americo Nunes; 37, Jaboticaba Fotos; 59, Reservoir Dots; 66, 84, Alexandre Rotenberg; 69, dedek; 95, CP DC Press; 122-123 (centro) Pe3k; 125, DenisProduction.com; 130, diogoppr; 131 (esquerda), Yummy pic; 131 (direita), rocharibeiro; 133 (abaixo), Wiktory; 135, Lotus_studio; 150, Africa Studio; 153, bonchan; 155, casadaphoto.

Vanessa Hiradai: pp. 137-149.

AGRADECIMENTOS

Gostaríamos de agradecer primeiramente a Deus.

Agradecemos também a Valquíria Farias, nossa companheira de luta no mercado da cachaça. Também Arnaldo Ribeiro, Rafaela Salgado, Rafael Araújo e Roselayne Uai.

Agradeço a minha família, que sempre me apoia nos projetos mais malucos, mas agradeço principalmente a força de Margarida Freitas, Lucia Amancio, Marina Amancio e Beatriz Amâncio, as quatro grandes mulheres de minha vida.

João Almeida

Agradeço o apoio e amor dos meus pais, Paulo Roberto Dias e Ivete Maria Mastellini Dias, meus irmãos Alessandro e Luciano, e minha mulher, Juliana Padovezi Miguel.

Leandro Dias